本书受西北农林科技大学经济管理学院资助出版

农户参与农业规模经营
行为及影响效应研究

许彩华　余　劲　著

中国农业出版社
北　京

　　本书得到了中华人民共和国科技部外国专家项目"一带一路"农业投资与我国粮食安全研究（编号：DL2022172002L）、国家自然科学基金面上项目内生动力视角下产业发展与农户就近就地就业机制研究（编号：72274157）、西北农林科技大学上合现代农业发展研究院现代农业发展战略研究项目上合组织成员国粮食安全与保障机制研究——以中哈为例（编号：SCO24A004）、陕西省自然科学基础研究计划项目农户农地流转和服务外包行为对农业高质量发展的驱动效应及作用机制研究（编号：2024JC-YBQN-0754）、陕西省社会科学联合会项目数字经济对县域经济高质量发展的影响机制研究——基于县域产业发展的视角（编号：2024ZD508）和中央高校基本科研业务费项目分工视角下农户参与农业规模经营行为响应及应对策略研究（编号：211923230001）的资助。

　　中国土地的地块细碎化、产权细碎化和农户的分散化、低组织化以及农地市场发育缓慢在很大程度上制约着农业的经营规模与经营效益。农业中介组织发育滞后，农业服务外包的发展不充分进一步限制了农业的规模经营。如何在中国农地资源配置效率低下、农地流转市场和农业服务外包市场发育不均衡的背景下，探讨农户参与农业规模经营行为及其对农业生产和农民收入的作用机理，并进行制度创新和政策供给是农业规模经营、农业现代化和乡村振兴所面临并需要深入研究的重要课题。

　　《农户参与农业规模经营行为及影响效应研究》以农地流转和服务外包为视角，探讨农户参与农业规模经营的行为及其影响效应。本书共分为五篇十章，第一篇为背景篇，介绍了研究背景及意义、相关研究的国内外文献综述，以及概念界定与理论基础，重构农户参与农业规模经营理论。第二篇为现状篇，以我国粮食主产区 623 户农户的长期跟踪数据为基础，分析我国粮食主产区农户参与农地流转和服务外包行为的现状及存在的问题。第三篇为行为篇，农地流转和服务外包是农户参与农业规模经营，实现小农与现代农业有机衔接的重要手段。本书对农户参与农业规模经营的两种行为之间的关联性进行分析，即分析农户农地流转和服务外包行为之间的关联性，在此基础上分别分析农户农地流转和服务外包行为的影响因素，为针对性地促进农户参与农业规模经营行为奠定现实基础。第四篇为效应篇，农户的农业生产决策过程虽然是多目标的，但是追求家庭或个人收入最大化仍是最大目标。本书分析农户农地流转行为对农业生产农户收入的影响效应、农户服务外包行为对农业生产和农户收入的影响效应，并在此基础上探究农户农地流转和服务外包行为在影响农业生产和农户收入中的交互效应。最后为对策篇，分别从加强农业生产技能培训、加大现代农业经营主体补贴力度、完善农地流转市场和服务外包市场、推动传统农业经营方式转型等方面为实现中国农业规模经营和农业现代化提出相关政策建议。

本书将农地流转和服务外包纳入一个框架中来讨论，聚焦农户的收入和农业生产，初步建立一个能够讨论和比较两种行为的分析框架。具体来看，本书以对我国粮食主产区 3 省 10 县 623 户农户进行的长期跟踪数据为基础，首先定量探讨了农户的行为，即农户农地流转和服务外包两种行为之间的关联性以及农户农地流转和服务外包行为的影响因素；在此基础上探究行为效应，即农地流转对农业生产和农户收入的影响，服务外包对农业生产和农户收入的影响，以及农地流转和服务外包在对农业生产和农户收入影响中的交互效应；最后提出了相应的政策措施，以期促进粮食主产区农户实现小农与现代农业的有机衔接，为实现农业现代化和农业高质量发展提供政策借鉴。同时，也希望有更多的学者能够关注"三农"问题的研究，为未来的研究提供新的思路。

余 劲

西北农林科技大学经济管理学院 教授

陕西省侨联副主席

2023 年 10 月

　　"务农重本，国之大纲"，农村经济是国民经济的重要组成部分，"三农"问题是关系国计民生的根本性问题，尤其是党的十九大提出实施乡村振兴战略后，农业农村发展问题被提高到前所未有的国家战略高度。农业农村现代化成为新时代农业和农村发展的方向，是解决我国发展不平衡、不充分问题的重要举措，是实现农业农村高质量发展的必然选择。然而，以人多地少为特点的资源禀赋、以小农户为主体的农业经营格局，加之充满不确定性的国际关系与贸易格局，构成了中国农业现代化的多维挑战。中国必须立足国情农情，在尊重农业产业特性与乡村地域特征的基础上，通过农业分工与专业化发展，走中国特色的"土地规模＋服务规模"的农业道路，推动农业发展从破解规模约束到促进分工深化的基要性变革。

　　宏观层面的规模经营路径必然有其微观基础。中央政策文件反复强调要"坚持家庭经营在农业中的基础性地位"，这决定了农户是研究中国"三农"问题的微观基础，因此需要关注农户行为选择所起到的基础作用和关键意义，从而为已有的宏观发展路径选择研究建立起"微观基础"。农户农地流转和服务外包行为是微观农户参与"土地规模"和"服务规模"的方式，是改变农业经营方式的根本途径。因此，本书基于规模经营理论，将农地流转和服务外包这两种农户参与农业规模经营方式纳入统一研究框架，并对相关概念和相关理论进行界定和分析，在此基础上对农地流转和服务外包行为之间的关联性进行分析，进而分析其影响因素；然后，从农户参与农地规模经营角度分析农地流转对农业生产和农户收入的影响；从农户参与服务规模经营角度分析服务外包对农业生产和农户收入的影响，最后，分析农户农地流转和服务外包行为在对农业生产和农户收入影响中的交互效应。本书旨在揭示农地流转和服务外包之间的异质性和替代性，探索我国农业规模经营方式的可能创新逻辑和实现机制，对实现我国粮食安全，提高农民收入，实现农业规模经营及农业现代化具有重要的理论和现实意义。

本书的编写目的一是为农业规模经营的研究提供一个新的视角和思路，将农地流转和服务外包两条规模经营路径放在一个分析框架内予以全面审视，探讨农地流转和服务外包共生的可能性和发展条件，丰富农户参与农业规模经营行为的逻辑框架，为实现小农和农业现代化的衔接做好理论基础。二是本书的撰写以我国粮食主产区 3 省 10 县 2013—2017 年展开的农户跟踪调查数据为基础，所得的研究结论和政策建议希望能够为后续的农业现代化、乡村振兴战略的实施提供一定的指导和借鉴。本书在内容编排上层次较为分明，共分为五篇十章，既有清晰的理论框架，又有利用实地调研数据的实证分析，并在实证分析中使用了较为先进的计量经济学方法，是本书的一个特点。本书适用于经济管理专业的本科生、研究生阅读，特别是农业经济管理专业的学生，也适用于从事农业经济管理相关专业研究的专家、学者以及从事农村公共管理相关工作的政府部门工作人员。

本书从构思到撰写完成经历了 2 年时间，书中所用的数据资料为作者攻读硕士、博士学位期间在导师和团队的大力帮助下所取得，从 2013 年至 2017 年，团队 10 余名成员历经多次调研，完成了我国华北地区粮食主产省的调研数据收集，在此也衷心向导师和团队其他成员表示感谢。当然，由于作者的时间、精力和学识有限，本书仍存在一些不足之处和未来需要进一步完善之处，也希望读者朋友指正。

可能需要本书的单位、读者：国内各农业院校经济、管理类学院的教师、科研人员、本科及研究生；农村公共管理相关的政府部门。

著者

2023 年 10 月

目 录

●●● 第五篇　对策篇 ●●●

第一篇

背 景 篇

第一章 研究背景与意义

一、研究背景

习近平总书记多次强调要保障国家粮食安全，把中国人的饭碗牢牢端在自己手中，让中国人的饭碗尽量装中国粮。作为一个人口大国，要保障我国的粮食安全，将中国粮装满中国人的饭碗，关键就是要不断提高中国农业的现代化水平（蒋永穆等，2019），而适度规模经营是实现农业现代化的必然途径（张士云等，2014；杨春华，2018；孙敏，2021）。长期以来，"大国小农"一直是中国农业的基本格局。根据国家统计局资料，我国家庭承包经营面积在 2018 年底为 13.96 亿亩*，户均耕地面积约 6.15 亩，且全国 98％以上的农业经营主体仍为小农户。如何将小农纳入农业现代化的轨道还需要在理论和实践中进一步检验（钟真，2019）。

过去 30 余年的事实证明，通过农地流转促进农业适度规模经营（即"农地规模经营"）来推进农业现代化是我国改造"小农经济"的主要策略，在理论界和政策界已成为基本共识（陈锡文，2015；李文明等，2015），是农业发展的必然趋势。1949 年以后，我国的农地制度相继由地主私有制转为农民所有制，又转为家庭合作制，并演进为三级所有、队为基础的体制，最后形成以包产到户为特点的家庭联产承包责任制。家庭联产承包责任制改革红利在短时间内得到极大的释放，在农业增产、农户增收、城乡差距缩小方面做出了历史性贡献。然而，随着该制度的不断深入也暴露出了许多问题，如均田制导致了土地细碎化，细碎化的土地不仅会增加农业投入，还会导致难以实现规模经济、小农户与大市场难以对接等诸多问题，严重阻碍了中国农业现代化的进程（许庆，2007；Tan et al.，2010；Latruffe and Piet，2014；卢华和胡浩，2017）。在上述背景下，推进农地流转、实现农地规模经营，已成为中国土地制度改革的重点。1984 年之后，中央 1 号文件开始允许农地在农户间进行转包，将农地向种地能手转移；2002 年的《农村土地承包法》，第一次将农地流转政策上升为法律；2013 年，党的十八届三中全会更是提倡将农地转向种植

---

* 亩为非法定计量单位，1 亩≈667 平方米。——编者注

大户、农民合作社、农业企业和家庭农场等新型农业经营组织手中，实现规模经营的多样化和组织化。此后，一系列中央政府文件和相关政策不断强化农地流转，并对进行规模经营的农户进行一定的奖励支持。

农地流转及其规模经营有两大政策目标：产量目标和收入目标，既要增加粮食产量确保粮食安全，又要提高农业效益增加农民收入（陈锡文，2014）。农地规模经营的实现有助于克服细碎化、分散化经营的弊端，适应了社会化生产的要求，对于稳定粮食生产保障国家粮食安全具有重要意义。已有很多研究学者表明，农地流转对农业增效、农民增收具有显著的促进作用，对农户福利水平的提高也起到了积极的作用（陈飞和翟伟娟，2015；许彩华，2020）。"三权"分置将农地的所有权、承包权和经营权分离，为农地流转市场的发育提供了活力和制度基础（丰雷等，2020；洪银兴和王荣，2019）。与农地流转市场迅速发展相同步的是中国农业发展表现出的强劲趋势，2004 年以后，国内粮食总产量不断上升，据农业农村部数据显示，2020 年中国的粮食产量上升到6.69 亿吨，粮食生产实现"十七连丰"，为保障国家粮食安全提供了有力基石。但是与此同时中国粮食仍需大量进口，出现了生产量、库存量、进口量"三量齐增"的怪象。陈锡文（2015）认为这是由于中国农产品"成本地板"上升、"粮价天花板"下压造成的。因此，我国未来粮食生产发展的方向应为增产的同时还要"节本增效"。在农村土地制度改革和农村土地流转的背景下，农地规模经营能否显著提高土地生产率、降低成本、提高农业比较效益是一个重要问题，必须以数据为基础进行实证回答。

但随着我国经济进入新常态，农地流转也面临着诸多新情况，其相关负面效应也日益遭到理论界质疑（黄祖辉等，2008）。在我国人多地少、土地均等的土地承包制度背景下，与土地承包经营权相关的农地流转存在诸多效率风险、政治风险和社会风险（李宁等，2017）。同时，我国的农地流转多发生于邻居、亲戚等小农户之间，如果想通过农地流转扩大农地的经营规模，则必然会面临一个农户从多个流转对象中转入土地的情况，导致较高的交易成本（Kung and Bai，2011）。在农地规模化过程中，农户面临的风险越大，交易成本越高，则越不利于农地流转的推进，因此农地流转的速度在近几年也出现了明显下降的趋势。具体来看，在"十二五"期间，中国农地流转的增速为 24.01%，而进入"十三五"以后，中国耕地流转面积虽然在不断增加，但流转速度增长率已经降至 4.35%[①]，这说明随着农地流转政策红利的不断释放，其对农业经济增长的贡献在逐渐降低。因此，当前我国农地流转现状

---

① 农业农村部（编），中国农村经营管理统计年报（2018），北京：中国农业出版社，2019。

不容乐观，如果无法改变现状，则在短期内通过农地流转实现农地规模经营很难得到满足。可见，目前农地流转的现状并没有发生明显改观，以期通过农地租赁市场实现农地的大规模集中，在短期甚至长期内都将难以得到满足（罗必良，2017）。这说明，我国以小农为微观经济结构基础的局面仍将会持续很长一段时间。

在这种背景下，随着我国机械化水平的不断提高，农业分工的不断深化，农业经营者也在不断改变农业生产的观念，并进行一些新的尝试。有关学者主张利用机械化水平不断提高以及通过农业社会化服务市场不断完善的优势将小农纳入现代农业的轨道中，进而实现农业规模经营（即"服务规模经营"）（姜长云，2016）。众所周知，农业经营者因农业分工和市场深化的快速发展，增加了其对农业社会化服务外包的需求，而国家在政策上也对此作了回应，逐步加强了对农业社会化服务及其体系建设的政策支持。特别是"十三五"以来，国家在中央1号文件中多次强调农业服务主体的主导地位，并力求发展"服务带动型规模经营"与"农地流转型规模经营"并行，这就需要不断地培育各种新型农业经营主体和社会化服务组织，并大力提高各生产环节的社会化服务水平，将适度规模经营拓展到农业社会化服务的各个领域。至此，无论是政策层面还是理论界都认为发展农业社会化服务是中国农村发展、农业增效、农民增收的重要途径（罗必良，2020；仇童伟，2020）。

农业规模经营是实现农业现代化的重要路径，这在很多发达国家的农业发展过程中被认证，比如美国和日本（武舜臣等，2021）。从微观农户角度来看，农户农地流转和服务外包行为是农户参与农业规模经营的方式，是改变农业经营方式的根本途径。因此如何看待和选择农业规模经营方式不仅影响现行农地使用制度和农村基本经营制度，还涉及农业经营组织形式的选择，因此具有重要的政策含义。现有研究中有学者认为农户农地流转和服务外包行为是单独存在的，也有学者认为农户的这两种行为在实现农业规模经营过程中是并行不悖的（罗必良，2017）。但是，现有研究只是从理论或政策上论证了农户这两种行为之间的关联性，以及农地经营规模和服务规模在特定条件下之间的转换，并没有从实证上将这两种维度的农业规模经营纳入统一分析框架内，探究两种行为的行为效果及其交互效应。因此，我们关注的问题是，基于农户数据层面，探究农户农地流转和服务外包行为的关联性如何？农户农地流转行为对家庭农业生产和农户收入的绩效如何？农户服务外包行为对家庭农业生产和农户收入的改进效应如何？农户农地流转与服务外包行为对农业生产和农户收入的影响是否具有交互效应？

山东、河南和安徽3省的粮食产量占全国粮食产量的50%以上，研究华北平原3省的粮食种植的农业规模经营生产模式和经营绩效对于稳定我国的粮食生产具有重要作用。因此，本书将基于粮食主产区3省10县长期面板数据，首先对相关概念和相关理论进行界定和分析，在此基础上对农地流转和服务外包行为之间的关联性进行分析，进而分析其影响因素；然后，从农户参与农地规模经营角度分析农地流转对农业生产和农户收入的影响，从农户参与服务规模经营角度分析服务外包对农业生产和农户收入的影响；最后，分析农户农地流转和服务外包行为对农业生产和农户收入的交互效应，旨在揭示农地流转和服务外包之间的异质性和替代性，探索我国农业规模经营方式的可能创新逻辑和实现机制。

二、研究目的和意义

（一）研究目的

本书基于规模经营理论、农业分工理论等，主要分析粮食主产区农户农地流转和服务外包行为及影响。首先将农地流转和服务外包纳入统一分析框架中，对农户农地流转和服务外包行为之间的关联性进行分析，在此基础上从农户行为能力、交易特性和外部市场因素多个视角分析农户农地流转和服务外包行为的影响因素；然后分别研究农户农地流转和服务外包行为对农户农业生产和农户收入的影响；最后，探究农户农地流转和服务外包行为对农业生产和农户收入的交互效应。基于研究结论提出完善农地流转和服务外包市场实现中国农业规模经营和农业现代化的相关政策建议。

具体而言，本书的主要研究目的有以下几个方面。

（1）农户农地流转和服务外包行为关联性分析。农户的农地流转和服务外包行为是农户参与中国农业规模经营的两种不同的方式，分析两者之间的关联逻辑，寻找农业经营方式转换的可能性和发展途径，能更全面地把握农业经营方式转型的战略选择。因此，本书将基于面板固定效应和动态面板 GMM 模型分别检验农地流转和服务外包之间的关联性。

（2）农户农地流转和服务外包行为影响因素分析。农户生产经营能力、交易经营能力等自身拥有的内在资源禀赋，以及市场价格、外部生产环境等均会影响农户是否参与农地流转和服务外包等决策行为。本书将分别利用面板随机效应模型、混合效应模型从农地转入和转出两个方面分析农户农地流转行为的影响因素；同时，利用面板混合效应和随机效应模型，从农业生产整体环节和分环节两个方面分析农户服务外包行为的影响因素。

（3）农地流转对农业生产和农户收入的影响效应分析。农地流转带来农地的规模化经营，引起农户土地资源禀赋的变化，影响农户在农业生产过程中的投入产出；同时农地流转是引起家庭劳动力资源重新配置的重要手段，这不仅可以影响农户整体的收入水平，还影响农户的收入结构。因此，本书将基于面板数据，分别利用面板固定效应和 PSM-DID 模型实证分析农地流转对农业生产与农民收入水平和收入结构的综合影响及其影响的变化情况。

（4）服务外包对农业生产和农户收入的影响效应分析。农业生产环节服务外包可以通过将先进技术引入农业生产进而提高农业生产率；同时，生产环节的服务外包可以通过缓解家庭农业劳动力约束促进农户实现农业劳动力转移，进而影响农户人均家庭收入水平。因此，本书将基于农业生产率和家庭人均总收入指标构建农业生产和农户收入框架，基于面板固定效应模型实证分析整体环节服务外包、分环节及不同环节服务外包对农户农业生产和家庭收入水平的影响及其影响的变化情况。

（5）农地流转和服务外包对农业生产和农户收入的交互效应分析。农地流转形成的农地规模经营有利于促进农户选择服务外包行为进而促进农业增产和农户增收，而农户的服务外包行为可以通过缓解农户的资源禀赋约束，包括劳动力、资金和技术等约束促进农户参与农地流转，进一步促进农户转入土地实现农地的规模化经营，进而提高农业生产效率和农民收入。因此，本书将进一步探究农地流转和服务外包对农业生产和农户收入的交互效应，以验证这两种农业规模经营方式在促进农业生产和农户收入过程中是不是相互影响和促进的。这里使用的模型是面板固定效应和动态面板 GMM 模型。

（二）研究意义

土地是进行农业生产所必需的资源，因此土地资源的配置对农业生产有着至关重要的影响。在保障粮食安全和农业供给侧结构性改革的大背景下，农地的小规模经营制约了我国农业发展和农民增收，规模化经营成为我国农业发展方式转变的理性选择，也是我国农业发展的大趋势。但是，通过农地流转来实现农业规模经营在短期内很难实现，如何改造传统农业将小农引入现代农业发展的轨道是亟须解决的科学问题。改造传统农业的核心是引入现代生产要素（罗必良等，2021）。虽然农户是农业现代技术采纳的主体，但由于小农户自身能力不足，难以在短期内实现农业的现代化。

在中国家庭承包经营格局下，随着机械化程度不断提升，农户生产环节的服务外包被视为将先进生产技术融入农业生产的方式，不仅可以为小农引入先进的技术手段还能创新交易组织方式，进而将小农纳入农业分工经济中，实现小农户与现代农业的衔接。本书将农地流转和服务外包两种农户参与农业规模经营的方式纳入统一分析框架，着重分析农户农地流转和服务外包行为的关联性、影响因素及其对农业生产和农民收入的影响，并验证农地流转和服务外包两种行为在促进农业生产和农户收入方面的交互效应。解决这些亟待研究的问题对实现我国粮食安全、提高农民收入、实现农业规模经营及农业现代化具有重要的理论和现实意义。

1. 理论意义

小农生产仍是中国农业生产的常态。然而，当前研究更多着眼于农地流转及其规模经营，而忽视了各生产环节的农业分工问题。在农户通过农地流转实现农地规模经营的实践过程中，为农业家庭经营参与纵向分工提供了一定的市场容量；而由生产环节的纵向分工实现的分工经济不仅能降低农地流转的交易成本，也实现了其生产成本的节约，农地规模经营与农业分工是相辅相成、相互促进的。因此，思考将小农家庭经营纳入农业分工的问题，对通过农地流转和服务外包方式实现农业现代化具有重要的理论意义。

本书基于规模经营理论、交易成本理论、农业分工理论、委托代理理论和农户行为理论，首先将农户农地流转和服务外包行为纳入统一逻辑框架中，分析农地流转和服务外包这两种农户参与农业规模经营方式的关联性，进而探究农户农地流转和服务外包决策影响因素，在此基础上分别实证农户农地流转和服务外包行为对农户增收和农业增效的综合提升作用，其次分析农地流转和服务外包对农业生产和农户收入的交互效应，最终探讨农地流转和服务外包共生的可能性和发展条件，丰富农户参与农业规模经营行为的逻辑框架，为实现小农和农业现代化的衔接打好理论基础，对该研究领域的理论框架具有很好的补充和完善作用。

2. 现实意义

保障国家粮食安全、稳步提高农民收入、实现农业规模经营是我国所面临的主要挑战。农地流转是现阶段实现农业规模经营的重要路径，其不仅在法规制定和政策出台过程中得到了肯定，还在实践过程中对农业生产和农民的资源配置起到了重要的推动作用。因此，本书所分析的农地流转及其规模经营对农户收入和农业生产的影响，探究农地流转的政策效果，对推进农地规模化经营、促进农民增收、农业供给侧结构性改革和保障国家粮食安全具有重要的现实意义。

随着农业政策的不断推进，农地流转虽有所进展，但并未达到相应的预期，中国农户仍处于小规模经营状态。这说明仅通过农地流转实现农业的规模化和现代化在短时间内难以成功。同时可以看出，在激发农地流转政策效应的机制创新方面还有待进一步探索。在我国小农分散经营的背景下，随着农业分工的不断深化以及机械化水平的不断提高,为我国农业生产环节外包提供了可能,也为我国农业的专业化和现代化开辟了新的道路。生产环节外包这不仅有效地弥补了由非农就业造成的农业劳动力短缺问题,实现机械对劳动力的要素替代(钟甫宁等,2016),而且在部分农业生产中引入了先进的生产技术,有利于农业现代化的发展(冀名峰,2018)。因此,在"服务规模经营"目标下,从农业社会化服务角度出发探讨实现农业规模经营的新路径,重点关注分散的小规模生产者如何对接规模化的服务以及由此带来的影响。本书将分析农户服务外包行为的决策因素及服务外包行为对农业生产和农户收入的影响,以此探究农业生产环节服务外包的政策效果,进而探索我国农业规模经营方式的可能创新逻辑和实现机制。

三、研究思路和方法

(一)研究思路

2017 年,中央 1 号文件提出加快发展农地流转型、服务驱动型等多种形式的规模经营,并提出了两种方式并行的政策策略。至此,学术界仍然存在很大的理论分歧,尤其是对农业现代化的主要实现路径的探讨。农地规模经营和服务规模经营都是基于某一特定的核心生产因素实现农业现代化目标的方式,"土地+服务"的二元规模化构成了农业规模经营的现实图谱(胡凌啸,2018)。在农业生产经营的具体实践中,农地流转和社会化服务是实现农地规模经营和服务规模经营的两种路径,但是农地流转和服务外包都不是独立存在的,在实现农业现代化过程中,不能只讨论其中一个因素(司瑞石等,2018),而是应该将农地流转和服务外包放在统一框架中,实证分析其实现农业规模经营和农业现代化的机制和效应(杜志雄和肖卫东,2019)。为此,本书将农地流转和服务外包纳入一个框架中来讨论,聚焦农户的收入和农业生产,初步建立一个能够讨论和比较两种行为的分析框架。

本书以规模经营理论、委托代理理论和农户行为理论等为指导,在回顾国内外农业规模经营相关文献的基础上,基于河南、山东和安徽 3 省 10 县 623 户农户的长期面板数据,利用面板随机效应模型、混合效应模型、PSM-DID 模型、固定效应模型和动态面板 GMM 模型,针对农户农地流转和服务外包行为及影响效应进行实证研究。

具体而言,主要的研究思路如下:

(1)借鉴国内外现有研究的相关成果,进行概念界定及理论分析。准确界定本书中涉及的相关概念,基于规模经营理论、交易成本理论、分工协作理论和农户行为理论，构建农地流转行为和服务外包行为及影响的理论框架，并分析农户农地流转和服务外包行为对农业生产和农户收入的影响机理，为全书奠定理论基础。

（2）对粮食主产区农业生产现状、农地流转和服务外包相关制度的演进、农户农地流转和服务外包发展现状进行详尽描述，对粮食主产区农户参与农地流转和服务外包行为进行详尽阐释，并对样本区域农地流转和服务外包存在的问题进行总结分析。

（3）根据构建的理论模型从五个方面对农户农地流转和服务外包行为及其影响效应进行实证分析。①分析农地流转和外包之间的关联性，具体包括：从农地流转行为对服务外包的影响和服务外包对农地流转行为的影响两个角度分析两者之间的关联性；②分别探究农户农地流转和服务外包行为的影响因素；③分析农地流转对农民收入和农业生产的影响效应，具体包括：从粮食生产成本、粮食产量和粮食收益角度分析农地流转对粮食生产的影响，并分析这种影响的时期变化；基于农民收入水平和收入结构不同角度综合分析农地流转的收入效应及其时期变化；④分析服务外包行为对农业生产和农户收入的影响效应，具体是指，从农业生产率和家庭人均总收入变化角度分析生产环节服务外包对农业生产和农户收入的影响及其时期变化；⑤分析农地流转和服务外包对农业生产和农户收入的交互效应。

（4）基于实证分析结果进行总结，得到本书的研究结论，基于研究结论从共同促进"土地＋服务"二元规模化的视角，为实现农业规模经营和农业现代化提出相关的政策建议。技术路线如图1－1所示。

（二）研究方法

本书先利用文献研究法对现有文献进行总结和归纳，基于现有研究的不足，提出本书的科学问题；在此基础上通过对农户进行实地调研，取得对农户农地流转行为和服务外包行为最客观的印象，获得最真实的第一手资料，为实证做准备。最后，利用计量经济模型对研究假设进行验证，得出研究结论。

（1）文献研究法。通过总结国内外关于农地流转、农地规模经营、社会化服务外包及农业规模经营的相关文献，指出现有研究中存在的问题和不足，进一步提出本书的科学问题。主要的文献内容聚焦于农地流转、服务外包、农户收入、农业生产等，获取的资料主要涉及农地流转和服务外包的影响因素、农地流转和服务外包对农业生产和农户收入的影响、农业规模经营发展等几个方面。理论分析部分，基于规模经营理论、交易成本理论、分工协作理论和农户行为理论等提出本书的理论框架。

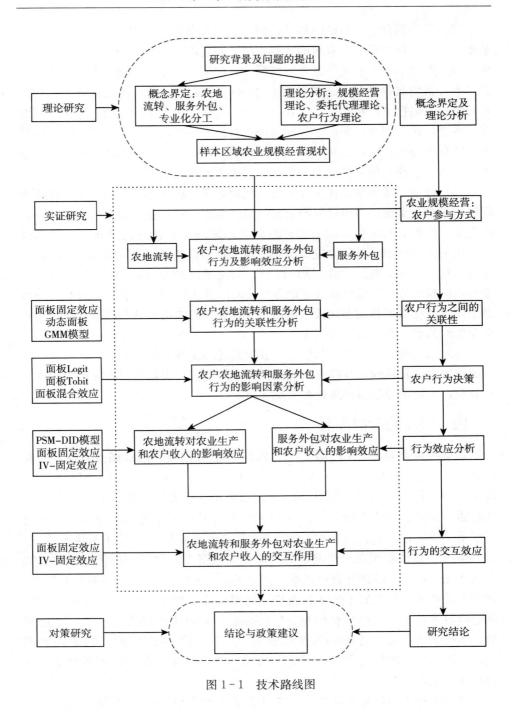

图 1-1 技术路线图

（2）问卷调查法。借助问卷从被调查农户获取农户的相关信息是做研究的基础，也是获得农户一手资料的实地方法。问卷内容涉及家庭成员信息、农业生产投入产出情况、农业服务外包情况、农地流转、非农就业、农民收入以及农户参与新型农业经营组织等情况。本书的数据采集和处理过程如下：2013年开始针对粮食主产区农户进行农户调查，之后分别于2015年和2017年对前期样本进行跟踪调查，形成了大样本面板数据库，为后续的研究提供了数据基础。数据处理过程中，使用 Excel、Stata 等数据处理软件对调查问卷进行录入、筛选和整理，最后形成本书实证分析中所形成的数据集。

（3）计量经济模型。在实证部分，利用计量方法对本书提出的理论框架和理论假说进行实证，得出可靠的研究结论。本书中的计量模型包括：利用面板固定效应模型对农地流转和服务外包行为之间的关联性进行分析；在此基础上，运用混合模型、随机效应模型对农地流转和服务外包决策行为的影响因素进行分析；其次，利用 PSM-DID 模型、固定效应模型、面板固定效应模型、中介效应模型等分析农地流转和服务外包对农业生产和农民收入的影响；最后基于固定效应模型和动态面板数据模型分析农户的农地流转和服务外包行为对农业生产和农户收入的交互效应。

（4）归纳法。通过本书归纳得出农地流转和服务外包对农业生产和农户收入的作用路径及机理，并探究农地流转和服务外包对农业生产和农户收入的交互效应，为政策建议提供理论和实证支撑。

四、研究的数据来源

本书的数据来源于课题组 2013—2017 年展开的农户跟踪调查数据，调查区域为粮食主产区的 3 省 10 县（市）（包括山东省曹县、郓城县、寿光市和乐陵市；河南省荥阳市、正阳县、西平县和罗山县；安徽省颍上县、临泉县）。四轮跟踪调研具体情况如下：2013 年 6 月至 8 月，课题组首次赴样本区域进行实地调研，在河南、山东和安徽 3 省 10 县（市）获取有效样本共 697 户。2015 年 7 月，课题组在跟踪调查的基础上，根据上述抽样原则依据相关研究方向增加了各地区的部分农户样本，共完了 1 039 户农户调查。2017 年 7 月，课题组赴样本区域完成了 842 户农户的跟踪调查，样本跟踪率达到 81.04%。问卷内容涉及农户家庭成员信息、经济信息、农业生产经营特征等。经过筛选，本书主要是运用连续跟踪法形成的 10 县（市）623 户农户的面板数据（包括 2012 年、2014 年和 2016 年样本数据）来分析农户的农地流转和服务外包行为及其影响。

其抽样过程为：基于各省总人口和耕地总面积指标利用分层随机抽样法在

各省随机选择 1～2 个种粮大县和 1～2 个非种粮大县，在每个县选择 2～3 个乡镇，在每个乡镇随机选取 1～2 个行政村，在自然村内随机选取 30～40 户农户，最后选取了 3 个省内的 10 个县，其中包括 5 个种粮大县和 5 个非种粮大县，可反映粮食主产区的综合情况。调查内容主要包括农户的家庭基本情况、农地流转情况、农业生产投入产出情况、农业生产服务外包情况、劳动力外出务工情况等。调查采用入户面对面访谈和问卷调查相结合的方法完成，调研区域样本分布及统计如表 1-1 所示。

表 1-1　调研区域样本分布表

省	市	县	2012 年	2014 年	2016 年
山东省	菏泽市	曹县	50	76	64
		郓城	34	40	39
	潍坊市	寿光	115	115	116
	德州市	乐陵	106	136	133
安徽省	阜阳市	临泉	36	111	38
		颍上	40	100	46
河南省	郑州市	荥阳	63	72	63
		新郑	48	76	58
	驻马店市	正阳	46	68	69
		西平	159	245	216
合计			697	1 039	842

数据来源：根据课题组实地调研整理而得。

五、创新及不足

(一) 可能的创新点

1. 将农地流转和服务外包纳入农业规模经营的逻辑框架中

在实现农业规模经营的过程中，农地流转和服务外包是能将小农融入农业现代化轨道且具有相互影响的两种方式，不能单独讨论其中一个因素对农业生产和农户收入影响机制。本书基于规模经营理论，将农地流转和服务外包这两种农户参与农业规模经营方式纳入统一研究框架，旨在揭示农地流转与服务外包之间的关联性和异质性，进而探索我国农业规模经营方式的可能创新逻辑和实现机制，这是本书的一个创新。

2. 究明农户农地流转和服务外包行为的关联性及其交互效应

现有研究多单独分析农地流转或服务外包行为对农业生产和农户收入的影响，但很难将两者之间的关联性以及在促进农业生产和农户收入中的交互效应讨论清楚。因此，本书通过面板数据的应用不仅可将两者之间的关联性辨析清楚，同时讨论了农地流转和服务外包对农业生产和农户收入的交互效应，进而探索两者之间协同发展的可能路径，这是本书的另一个创新。

3. 运用面板数据，捕捉农户行为决策及行为效应的长期影响

面板数据能尽可能提取农户信息及其动态变化情况，也可以弥补时序和截面数据不足的问题，因此本书基于农户面板数据来分析农地流转和服务外包对农业生产和农户收入的跨期影响及其动态变化情况，为综合评价农地流转政策及社会化服务外包政策提供了更可靠的数据支撑。

（二）不足之处

由于知识储备、时间和精力所限，本书仍存在不足之处：

一是农户的服务选择可能不仅仅包括服务需求即购买服务，而且可能包括服务供给。因此，只有将服务需求和供给纳入统一的分析框架才能更准确地刻画规模经营下农户的服务选择行为。由于样本限制，本书仅从小农户的角度研究了服务需求，没能从种植大户、合作社等新型农业经营主体视角分析服务外包的供给行为选择以及从服务者到供给者转换的内在逻辑。

二是虽然小农的农业经营主体地位短时间内无法改变，但随着乡村振兴的不断推进，农村集体经济也逐渐成为促进农业发展，提升农村活力的重要主体。发展壮大农村集体经济是实现农村农民共同富裕的重要保证。本书缺少从农村集体经济等中观视角分析提出解决"三农"问题的策略。

因此，从新型农业经营主体的角度分析农业社会化服务供给与农业经营规模之间的关系，以及新型农业经营主体社会化服务能力建设与小农经济的发展前景是未来需要研究的方向。同时，将农村集体经济与农户利益相结合，从产业发展角度寻找两者利益连接机制，是需要研究的课题。

第二章 文献综述

一、国内外文献综述

农业发展是国家经济发展的根源，且其有着自身的发展特性。现有研究中，国内外研究学者基于各国的制度背景，对农业发展历程、未来农业发展方向以及农业经营者决策行为和决策效果均作了一定的研究。在中国，农村土地制度是基于均田制的家庭承包责任制，形成了细碎化的小农经营局面，而国外大多数国家实行土地私有制，土地可以在市场上自由交易，形成以家庭农场为主的大规模经营局面。虽然农村土地制度不同，但国外关于农业规模经营的研究和200多年的实践经验可以为我国农业规模经营的研究和事件提供借鉴。

（一）农业分工的相关研究

Adam Smith（1972）最早就认为分工能提高专业化水平和劳动生产率，具体表现为分工可以实现生产的专一化，通过提高劳动者的熟练程度节省工作时间，进一步促进机械化的发展。Young（1928）则发展了斯密有关分工和专业化的思想，认为工作的重复次数越多，越刺激规模经济的产生，这也是迂回生产的概念。杨小凯（2003）将科斯交易成本纳入了分工理论中，分工既可以带来规模报酬递增，同时分工也会带来交易成本。以往的分工研究多集中于工业领域，农业领域同样存在分工，但农业领域的分工效果要明显低于工业领域的分工效果（杨小凯，1994）。可能的原因是，农业领域有自身的季节和生命特性（罗必良，2019），不会像工业分工一样不受环境和季节的影响，且农产品市场也有一定的特性，这些农业独特性均会导致农业迂回程度的降低，进一步限制农业分工的发展。此外，学者基于不同角度分析了对农业分工的推动因素，例如体制完善和技术创新能推动农业分工的深化（高帆，2009），城乡统筹发展有助于提高家庭农业生产水平和家庭专业化分工（郭爱民，2011）。然而，有关学者认为农业方面存在一定的制度障碍，农业自身的特性也会阻碍农业分工的发展，这主要是由于交易成本的存在（Demsetz H，1974，Becker G，1994 和 Williamson，1996）以及农村经济制度等因素导致农民陷入制度性贫困（刘明宇，2004）。

农业交易的特点是分工不完善，但通过细化农业经营权，可以扩大农业要素市场容量和农业分工水平，提高经济效益。随着市场容量的增加，交易成本也必然上升，而市场容量又制约着劳动分工，因此劳动分工也会受到交易成本的制约。农业资产专用性、农业资源所有权的监督管理程度以及农业合同的不完整性是交易成本的来源。同时，新型农业经营主体一定程度上可以弥补小农户生产和交易过程中的交易成本，因此，必须发展农业经营性服务组织，创新服务方式，促进农业分工发展。

事实上，古典经济学认为规模经济是在分工经济中产生的（Young，1928）。在分工经济对农业生产影响的研究中，发现参与分工是小农与现代农业有机衔接的重要途径（张露和罗必良，2018）。农业分工不仅有助于提高粮食作物播种面积和产量（方师乐等，2017），而且对农业生产效率同样产生了正向影响（胡祎和张正河，2018）。还有研究指出，基于农业分工的社会服务外包有利于优化农地资源的配置效率，进一步促进农地规模经营（杨子等，2019），还有助于家庭代际分工发展，提高劳动力要素的配置效率（仇童伟和罗必良，2018）。因此，农业分工对农业生产要素配置有着重要的影响。

（二）农户农地流转行为及影响效应研究

学术界对农地流转行为进行了广泛的研究，主要聚焦于农地流转及其规模经营的决策行为、农地产权与农地流转、非农就业与农地流转、农地流转行为对农业生产（投入产出、生产效率、节本增效等）的影响、农地流转对农户收入和福利水平的影响等角度。

1. 农地流转决策行为研究

（1）关于农地流转决策行为的影响因素研究。农村农地流转是农地规模经营的前提条件。学者关于农地流转决策行为影响因素的研究已经相当成熟，有关学者认为农地制度、社会经济发展状况等外部环境会影响农户是否进行农地流转决策，当外部环境能积极地促进农地流转市场的发育时，就会促进农户进行农地流转；反之则会抑制农地流转（Bogaerts et al.，2002；刘克春，2008；Feng，2008；吴莺莺等，2014）。当然，农户个体的资源禀赋等内部环境同样是影响农地流转决策的重要因素，比如农户特征中家庭人口数、家庭劳动力人数、家庭收入情况等（李昊等，2017；张忠明和钱文荣，2014）；户主特征中户主年龄、户主性别以及户主是否具有村干部偏好等（李景刚等，2014）；当然土地特征也会影响农地流转决策，如土地是否细碎化、是否有便利的灌溉条件等（王亚辉等，2018）。同时，人们对农地产权稳定性和非农就业对农地流转决策行为的影响也讨论甚多。

（2）关于农地产权与农地流转行为的研究。国内外学者普遍认为农地产权的稳定性和完整性对农地流转市场有重要的作用（Yang，1997；Holden & Yohannes，2002）。Bezahih 和 Holden（2006）以及 Holden（2011）基于埃塞俄比亚数据，研究了土地确权对土地流转的影响。研究结果发现，确权农户较未确权农户参与土地流转率更高，其中女性户主家庭参与农地流转率更高。类似的，Deininger 和 Jin（2005）对中国西南和东南地区的研究发现，相对于地权不稳定的地区，地权稳定地区的农户参与农地流转的概率和农地流转面积分别提高 1.7% 和 6.4%，毛飞和孔祥智（2012）、程令国（2016）基于不同的样本数据得出相似的结论。学者们对地权稳定性与农地流转关系的研究也有不同看法，Thaler（1980）基于农户调查资料发现，农地确权由于增加了农地产权的稳定性，不但没有显著影响农户参与农地市场流转，反而是通过农户的禀赋效应，增加了农户对其土地价值的估计，提高了农户意愿流转价格，进而抑制农地流转（胡新艳等，2016；胡新艳和罗必良，2016；Lang et al.，2014；蔡洁等，2017）。

农地确权与农地流转之间的中间传导机制研究认为，确权对农地流转的促进作用是通过交易费用效应、价格效应和生产激励效应的叠加形成的（李金宁，2017；林文声，2017；马贤磊，2015），但对农地转入和转出行为的影响不同。整体来看，叶剑平（2018）等通过对我国 17 个省份的调查发现，是否有土地承包经营权证书对农地流转和正式签约起到了积极作用。对农地转入行为来看，现有研究并没有得到一致的结论，有学者认为农地确权不会影响转入（付江涛等，2016），而有些学者得出农地确权会抑制农地转入（林文声，2017），还有学者认为农地确权不仅会提高农地转入的可能性，还会提高农户转入规模（马贤磊，2015）。从农地转出行为来看，江涛等（2016）认为，农地确权能显著地促进农地转出。也有相关学者得出了不同的结论，钱龙（2018）得出农地确权对农地转出有显著的抑制作用的结论，也有学者认为农地确权对农地转出没有显著的影响，但会抑制农地转入。农地确权对农地流转的影响得出完全相反结论的原因可能性是，一方面，现有研究中对农地确权的概念界定不同，甚至在新一轮农地确权和旧一轮农地确权中都没有达成一致的意见；另一方面现有研究中使用的数据其来源和类型不同，有些学者使用省级数据或者宏观数据，而有些则使用的是农户调查数据，因此导致现有研究得出完全不同的研究结论。农地流转不仅包括农地流转决策还包括农地流转质量，朱建军（2019）从农地流转对象、农地流转市场化程度以及是否长期流转等多个视角分析了新一轮农地确权对农地流转质量的影响，并得出农地确权不利于长期流转的决策。

（3）关于非农就业与农地流转行为的研究。以往研究主要集中于非农就业对农地流转决策的影响。现有学者通过非农就业时间（李宁等，2018）、非农就业人数或非农就业比例（Gao et al.，2020；Li et al.，2021）以及非农收入占比（陈奕山和钟甫宁，2017）等方式来衡量农村劳动力的非农就业，研究结果表明非农就业是促进农地转出的重要动因（Nguyen et al.，2017；Ji et al.，2018）。然而，有关学者从家庭内部分工（钱忠好，2008）、非农就业稳定性和社会保障（Su et al.，2018；许庆和陆钰凤，2018）、要素替代（Manjunatha et al.，2013；章政等，2020）以及对农活熟悉程度（黄文彬等，2020）等角度分析得出非农就业并不必然导致农地流转。也有学者认为非农就业与农地流转之间存在互为因果的内生性问题（Willmore et al.，2012；Che，2015），但在寻找有效工具变量对两者的因果进行实证检验以后，发现农地流转不会显著影响劳动力转移（胡艳新等，2019）。

农地流转行为不仅体现在是否流转及流转面积等"农地流转决策"上，还包括流转签订合约形式、租赁方主体类型等体现农地流转契约稳定性的契约选择的集合，这本身构成了行为表现的一个连续谱系（胡新艳等，2016；陈相泼，2020）。从流转质量来看，农地流转市场发育程度、农地产权的稳定性、农户特征及其对土地的禀赋效应强度、农地流转风险分散、机会成本、土地本身的质量、信誉、声誉是制约农地契约关系是否稳定的重要因素（黄祖辉等，2008；洪名勇，2016；林绚和罗必良，2021）。机会成本对农户的缔约级别具有显著影响，其中，非农收入越高，缔结正式契约的概率越低（陈军民和王娟，2019）。同时，农户的流转对象多为同村的亲戚或邻居等有亲缘或地缘关系的人（陈和午等，2006），为了更稳定的农地产权，农户倾向于签订短期的或者口头的流转契约（Loren Brandt et al.，2004；叶剑平等，2010；王亚楠等，2015；洪伟杰和胡新艳，2018），这不利于农地向生产经营能力强的农户流转，难以使农地转入户形成稳定的收入预期以及长期投资，最终将阻碍转入户对农地的合理配置和有效利用。

然而，农村非农就业趋势在男性和女性中有很大差异（Wang et al.，2016），特别是在发展中国家，这是男女参与非农就业率不同以及参与不同就业类型的结果，因此其对农地流转决策的影响也会存在性别差异。性别差异是对家庭决策的一种解构，在家庭分工理论的基础上从性别差异视角能更好诠释非农就业充分性对农地流转行为的影响。传统的家庭分工使得男性劳动力率先选择非农就业，而滞留在农村的女性将更多的精力和时间用于照顾家里老人、小孩等家庭生活中，则会减少非农就业的时间和机会（范红丽，2019）。也有研究表明，家庭中女性和男性同时进行非农就业才能促进家庭流转农地（黄枫和孙世龙，2015），或者家庭非农劳动力达到一定比例才能促进农地流转（侯明利，2020）。

2. 农地流转对农业生产的影响

本书中农户经营规模是指农户通过农地流转后形成的农户实际经营面积，且农地的实际经营规模与农业生产有着不可分割的联系，因此，本书将农户的农地经营规模对农业生产的影响作为农地流转对农业生产影响的一部分进行研究。农户经营规模与土地生产率之间究竟存在什么关系一直是发展经济学家的研究热点。一些学者认为，农户经营规模对土地生产率有线性的负向或正向影响。Chayanov（1926）在俄国农业考察中首先发现了两者之间的负向关系，之后学者们利用发展中国家的长期经验数据印证了此结论（Sen，1962；Bardhan，1973；李谷成，2010；王建军，2012）。学者们对产生负向关系的解释多集中在土地生产率的指标选择（Carletto et al.，2013）、劳动力投入程度（Heltberg R，1998）、要素市场的完善程度（Frisvold，1994；Assuncao and Ghatak，2003）、土地质量的差异上（Barrett et al.，2010）。也有观点认为伴随着农业机械化和专业化的发展，这种负向关系会逐渐减弱或者消失（Yamauchi，2016；Otsuka et al.，2016a，2016b）。在基于调研数据的实证研究中，也有学者发现土地生产率与农户经营规模呈正相关关系，即"大规模经营比小规模经营更有效率"（Helfand and Levine，2004；Anriquez and Bonomi，2008；范红忠和周启良，2014；Kawasaki，2010；胡雯等，2019；郜亮亮，2020）。对正向关系的解释多集中在自然资源禀赋不同（谢东水，2011）、对先进科技应用效率的差异（宋伟，2007）、发达国家的农业补贴（卢荣善，2007；张士云，2014）等方面。也有研究表明，不稳定的地权可能会减缓两者之间的正向影响甚至转为负向（吉星等，2019）。现有实证研究中还出现 U 形或倒 U 形等非线性关系。辛良杰等（2009）、仇焕广等（2017）、陈杰（2017）等通过实证证明农地经营规模与土地生产率的关系呈现倒 U 形曲线，即土地生产率随着农地经营规模的扩大呈现先增加后下降的趋势，即适度规模经营的土地生产率是最高的，过大过小规模都会降低土地生产率（冀县卿等，2019）。然而中国的农户平均经营规模仅 0.56 公顷，土地集中率和农户经营规模仍然偏小，可能会长期处于倒 U 形的上升阶段（许彩华，2017）。农户经营规模与土地生产率的 U 形关系也得到了印证（倪国华和蔡昉，2015），仇童伟（2019）认为服务供给的差异化定价是促成 U 形农业规模经济性形成的重要原因。

利润最大化不仅包括产出的最大化还应有成本最小化之义，因此中国未来粮食发展的方向应是"节本增效"。现有的研究学者认为，随着经营规模的增加，农业生产的平均成本应该是先下降后上升，或者是平均成本曲线下降以后维持在较低水平（Loyland et al.，2001；Alvare 等，2003；summer，2014；张晓恒等，2017；张晓恒和周应恒，2019）。有些研究学者从实证经验得出农户经营规模与生产成本之间的负向关系（tan et al.，2008；许庆等，2011；胡逸文，2020），唐珂（2017）利用全国农村固定观察点 10 年的面板数据实证得出，亩均生产成本随着规模经营的增加而下降，但粮食生产经营的成本优势会随着时间逐渐减少。这也印证了农地经营是存在适度规模的，超过一定规模以后会导致"规模不经济"（尚旭东等，2017；Xu et al.，2021）。

3. 农地流转对农民收入的影响研究

目前学术界关于农地流转行为对农户收入水平及收入分配的影响进行了研究，但农地流转对农民的收入效应究竟如何，现有研究还没有得到一致结论（薛凤蕊，2011；李功奎和钟甫宁，2006；钱忠好和王兴稳，2016）。从收入水平来看，Jin 和 Deininger（2009）利用中国 8 000 个农户数据进行了最小二乘估计，流转户（包括转入和转出）的家庭收入有显著的提高。仍有较多学者认为农地流转规模和签订转租合同对流转户收入均具有显著正向影响（冒佩华，2015；朱建军等，2015；高欣，2016；李中，2016），但对转出户的收入影响并不显著，可能的原因是由于农地流转市场发育不完善，没有显化租金（韩啸等，2015）。从收入结构来看，Deininger 和 Jin（2005）认为，如果土地市场是有效的，转出农户可以通过转出土地获得财产性收入，而转入农户可以通过扩大土地经营规模提高农业经营性收入。刘俊杰等（2015）指出，农地流转不仅可以提高参与农户的财产性收入和经营性收入，同时也提高了农户的工资性收入和转移性收入。从收入差距来看，Zhang（2008）和韩菡等（2011）认为，农地流转有利于改善农户间收入不平等，但肖龙铎等（2017）运用调研数据得出，农地流转一定程度上加剧了农民内部收入差距。同时，冒佩华等（2015）、夏玉莲（2017）等学者表明农地流转的收入效应具有"非对称性"特征，即参与农地流转对转入户和转出户的收入效应不同。扬子（2017）研究了农户收入差距的影响因素，其认为农地流转不是造成农村内部差距拉大的主要原因。

4. 农地的适度规模经营研究

农业的适度规模经营理论克服了小规模农业的弊端。适度规模经营是指在现有条件下，能使土地、资本、劳动力等生产要素实现合理配置的经营规模。对生产单位和经营活动进行适度规模扩张会产生规模经济，产生规模经济的原因有内部和外部两方面，在中国的农业生产中，内部的规模经营主要来自生产要素投资份额的同比例变化、耕地面积的扩张和零碎土地的重组；而外部规模经济是通过产业联系、市场聚集等规模经济优势导致的效益流入实现的（蔡昉和李周，1990）。

随着农地经营规模的增加，农业劳动力受到约束，则会产生较高的监督成本；同时囿于农业生产者经营能力，也会降低农业生产的规模经济，因此农地经营规模要强调适度性（倪国华和蔡昉，2015；陈杰和苏群，2017；范乔希等，2018），效率和收入被认为是确定土地适度规模经营的两个尺度（郭庆海，2014）。钱克明和彭廷军（2013）基于经济学的角度得出我国南方粮食生产的适度规模为 30～60 亩，北方为 60～120 亩。贺书霞（2014）基于河南北部调研数据，得出务农人员中生产能手数量和其所在集体内可用规模耕种的土地数量决定了适度规模可操作的规模上限，亩均收益为规模下限。李文明等（2015）以水稻单产水平最大化为导向，实现保障国家粮食安全的目标的适度标准为 80～120 亩，以实现增加农民收入、利润最大化为目标的标准为 80 亩以上。倪国华和蔡昉（2015）从家庭劳动禀赋和土地禀赋的最大化利用这一决策视角，计算出包括复种指数下的家庭农场的适度规模为 131～135 亩，种植大户的适度规模为 234～236 亩。罗丹等（2017）从粮食生产整体层面的经济效益来看，农户粮食种植的适度规模在 0～200 亩；宋戈等（2016）则利用东北主产区农户的数据验证了，不论是从粮食安全角度还是农民增收角度来看，不同粮食品种的适度规模也是不同的。许庆（2021）则分别以 30 亩、40 亩和 50 亩来定义是不是适度规模经营，进一步检验了粮食补贴政策对粮食适度规模的影响。

（三）农户服务外包行为及影响效应研究

农地规模经营虽然可以缓解由家庭联产承包责任制导致的农地细碎化问题，也能缓解小农的农业效率较低的困境（许庆等，2011），但是我国农地流转由于产权不稳定等问题导致多发生于亲戚、朋友等小农户之间，因此农地规模经营难以实现（仇童伟和罗必良，2018）。在中国一家一户分散经营的背景下，我国持续实施主要农作物生产全程机械化推进行动，2019 年全国水稻、小麦、玉米三大主粮机械化率均超过 80%[①]。农业生产环节外包为要素替代以及专业化生产开辟了一条更为现实的路径，不仅可以有效地弥补由于非农就业导致农业劳动力供给不足的问题（钟甫宁等，2015），还能将先进生产技术引入农业生产环节，有利于推进农业现代化发展（冀名峰，2018）。因此，通过

---

① 农业农村部（编），2019. 中国农村经营管理统计年报（2018），北京：中国农业出版社。

服务外包来实现服务规模经营被认为是除了农地规模经营外的另一种新的实现农业现代化的路径（张露和罗必良，2018）。

1. 服务外包决策行为研究

目前，对农业生产外包的研究主要集中在农业生产外包的决策和影响因素上。许多研究表明，家庭资源禀赋中农户户主年龄、家庭土地经营面积、家庭土地细碎化程度、家庭经营情况等是影响农户是否选择服务外包的基本要素（王志刚等，2011；展进涛等，2016；段培等，2017；钱静斐等，2017）。此外，蔡荣和蔡书凯（2014）还发现，家庭中非农就业程度对农业生产环节外包具有显著的促进作用，同时生产环节的复杂性会显著降低服务外包的概率。社会化服务外包市场的发育程度决定了农户对服务外包的需求是否得到满足，同时也会由于市场的供求关系影响到服务外包价格，申红芳等（2015）通过研究发现，服务外包价格会显著影响农户是否外包的决策（王建英等，2016），同时发现在不同生产环节的外包中，农户在劳动密集型环节的外包随着服务外包价格的上升呈现下降趋势，符合市场中供需与价格的关系，但价格机制的作用随着技术强度的增加而逐渐减弱。

随着我国专业化程度不断增加，服务外包市场的不断完善，服务外包市场能否满足农户的需求是农户是否选择外包的关键。探究限制微观经营主体的服务外包行为的因素是推动农业生产性服务业向更高水平发展的关键。在此背景下，有研究学者从不同角度分析了农业生产服务外包的影响因素（蔡键等，2017；段培，2018；陈江华和罗明忠，2018）。非农就业对促进农业生产服务外包具有重要作用（陆歧楠等，2017）。在不同生产环节的服务外包中，与技术密集型阶段相比，农民非农就业对劳动密集型阶段的服务外包起到了更大的促进作用（纪月清等，2013）；蔡荣等人认为，非农就业仅对植保环节的外包产生积极影响，但对其他生产环节的外包没有显著影响（蔡荣等，2014）。在交易成本方面，科学家发现生产阶段的特征、环境不确定性、种植规模和交易频率也会影响外包行为（Vernimmen and Verbeke，2000；Fernandez-Olmos，2009；董欢，2017）。同时，在交易成本影响农户是否外包以及外包程度的过程中会受到农户资源禀赋的影响（梁杰等，2021）。蔡荣等（2014）则从交易成本理论和资源禀赋理论的双重视角对农业生产阶段的外包行为进行了实证研究。一些学者关注资产专用性、经营规模和风险对农业生产外包的影响（何一鸣等，2020），并衡量了农业生产各个阶段的外包程度（江雪萍，2014）。

2. 服务外包对农业生产的影响

已有研究对农机服务使用与农业生产率关系的研究显示，服务外包可以显著提高农业生产率（Yang 等，2013；陈实等，2019；薛超等，2020），也有学者研究得出农机服务与农业生产率呈倒 U 形关系（仇童伟等，2021）。其他研究表明，服务外包有助于提升农业生产效率（Picazo-Tadeo and Reig-Martínez，2006；申红芳等，2015），并改善农业经营者的福利（Gillespie et al.，2010）。在农业劳动力老龄化和女性化的背景下，正是由于外包服务的发展，特别是农机服务的发展，中国粮食生产才得以实现收入持续增加、效率不断提升（李寅秋，2012；杨进，2015；周振，2016）。现有研究通过对中国水稻生产环节外包的研究发现，水稻生产环节外包将有效地提高农业生产率，且生产效率随时间呈增加趋势（陈超，2012；张忠军，2015）。有学者从农业分工视角探究农机服务对粮食全要素生产率的影响，结果显示，只有在农业分工达到一定程度，服务外包才可以提高小农户粮食生产的全要素生产率。同时研究表明，在促进粮食全要素生产率方面，农业分工和服务外包可以互相促进（张丽和李容，2021）。在机械化操作方式对农业生产效率的影响方面，有学者认为，差异化的农机方式导致差异化的农业生产效率，相较于人工耕种，机械化耕种的农业生产效率更高（武舜臣等，2020）；相较于购置机械的自我服务，服务外包程度越高，机耕的农业生产效率提升程度越小。现有研究关于服务外包与生产效率的关系没有达成统一的结论，可能的原因是在研究过程中由于样本选择、样本区域、计量模型等方面的差异导致的（胡祎和张正河，2018；虞松波等，2019；钱忠好和李友艺，2020）。

与此同时，服务外包对农业产出的影响也开始受到学者们的关注。相关研究主要从三个方面展开：第一，用作物的单位产量来衡量农业产出。陈超（2013）基于长期面板数据对农户服务与农业产出的关系进行了实证分析并验证了这种关系的时间趋势，研究结果表明，服务外包与农业产出具有显著的正向影响，且这种正向影响随着时间的推移不断加强。此外，张忠军、易中懿（2015）考察了不同环节对水稻单位产量的异质性影响，结果显示，技术密集型环节（育秧、病虫害防治等）外包对水稻单位产量产生了积极的正向影响，而劳动密集型环节外包对单位产量的影响没有通过显著性检验。第二，用技术效率来衡量单位产出，没有得到一致的结论。国外研究学者发现服务外包与农业技术效率具有显著的正向影响（Picazo-Tadeo and Reig-Martínez，2006）；孙顶强等（2016）发现，不同环节的服务外包对水稻技术效率的影响具有异质性，具体表现为耕地和播种环节与技术效率有显著的正向关系，而植保环节与技术效率有显著的负向影响。第三，用成本效率来衡量单位产出，且得出不同的结论。有学者表明服务外包与水稻成本效率有显著的负向影响，进一步导致农业成本的降低（Tang et al.，2018）；而有学者同样以水稻为例分析不同环节外包对生产效率的影响发现，植保环节的服务外包不仅不能降低生产成本，反而会增加生产成本。第四，用农场净收益来衡量单位产出，Gillespie 等（2010）发现农资环节外包会降低农场的净利润，但 Machila 等（2015）和 Lyneet 等（2018）的研究发现，服务外包能够显著增加农业生产的净收益，进而提高农户的生产经营净收入。

3. 服务外包对农户收入的影响

尽管学术界并不乏关于农户行为决策对农户收入效应的研究，但研究主题主要聚焦于信贷行为与农户的收入（李锐和李宁辉，2004；褚保金等，2009）、农地流转行为对农户收入水平和收入结构的影响（李庆海等，2012；陈飞和翟伟娟，2015）、农村养老保险与农户收入、合作医疗与农户收入（于长永，2012；张川川等，2015）等方面，而关于服务外包的收入效应研究较少。

在农业生产服务外包对家庭收入的影响方面，有研究认为，生产环节服务外包不仅可以有效缓解家庭农业劳动力约束，通过劳动力非农就业渠道增加家庭收入（杨子等，2019），还可以将先进生产技术代入农业生产中，显著提高农户的生产经营净收入（Machila et al.，2015；Lyne et al.，2018）。然而，一些研究表明，农业生产资料的外包不但不会提高农场的净收入，还可能存在负面影响（Gillespie et al.，2010）。Mi 等（2020）从家庭收入、消费支出和劳动力条件等不同角度实证分析棉农服务外包行为对农户家庭福利的影响，研究发现农业生产外包通过增加家庭收入、增加消费者支出和改善劳动条件改善了小农户的福利，且在不同的生产环节，外包的福利效应存在差异。杨志海（2019）建立了服务外包对农户福利影响的理论模型，分析了服务外包的福利效应。结果表明，与不参与服务外包的农户相比，参与服务外包农户的人均纯收入会增加 6%；同时，不同生产环节的异质性较大，技术密集型环节中植保环节的福利效应最高而播种环节服务外包的福利效应不显著。从作用机制来看，服务外包能够通过资源配置与专业分工机制改善农户福利。

（四）农户农地流转和服务外包行为的关联性研究

基于家庭分工理论，基于农地流转的农地规模经营与基于服务外包的服务规模经营是实现农业规模经营的两类相互关联的路径选择（张露和罗必良，2021）。现有研究大多从小农户视角对两者之间的关联性进行了分析。在服务外包对农地流转的影响方面，有学者表明农业生产外包服务会明显增加规模经营农户的土地转入，对农地规模经营具有显著的促进作用（Olmstead and Rhode，2001；姜松等，2016；刘强和杨万江，2016）；并且随着农户经营规模的扩大，外包市场对农地转出的抑制效应会增加，同时服务外包对农地转入的促进效应也会增加。也有学者讨论了不同生产环节服务外包对不同规模农户农地流转行为影响的差异性（王建英等，2018；许彩华等，2022），结果表明相较于劳动密集型环节，技术密集型环节外包对小农户转入土地有更强的抑制作用，对大农户则有更强的促进作用（陈超和唐若迪，2020）。有研究表明，农业社会化服务通过缓解小农户的劳动力和技术约束来促进农地流转。此外，现有研究还发现农地流转可以通过影响农地经营规模进一步提高农业社会化服务的支出（纪月清和钟甫宁，2013），但是农地是否连片转入在农地规模经营对农业社会化服务的影响中具有异质性（曲朦和赵凯，2021）。同时，有学者在研究农地流转对服务外包的影响机制中发现，农地流转形成的规模经营会促进农业机械的使用（蔡键等，2016），进一步促进农户对服务外包的选择程度（曹阳和胡继亮，2010；蔡荣和蔡书凯，2014；陈昭玖和胡雯，2016；Ji et al.，2017）。

因为农业生产具有季节性，所以农业机械同样具有一定的专用性和季节性，在农业经营规模不足够大的时候，农业经营主体为购买机械会付出更大的生产成本，此时农户就会通过购买农业生产服务来满足农业生产的需求。而服务规模经营的实现同样需要一定的前提，只有农户在某一生产环节形成聚集性的服务需求，使得服务规模达到一定的市场容量才会诱导专业化的社会化服务组织的出现。因此，农地规模经营的实现需要服务规模经营的支撑，反过来农地规模经营也为服务规模经营提供了前提和保障，从而促进农业规模经营（胡凌啸，2018，罗必良等，2017）。在具体实践中，农地流转与服务外包之间也存在着明显的互动关系。因此，在谈论农业规模经营时，不能只讨论农地规模经营或者服务规模经营，同样，农地流转和服务外包都不是独立存在的，在实现农业现代化过程中，不能只讨论其中一个因素（胡凌啸，2018，罗必良等，2017），而是应该将农地流转和服务外包放在统一框架中，实证分析农地流转和服务外包在实现农业规模经营和农业现代化中的机制和效应（杜志雄和肖卫东，2019）。例如，胡凌啸（2018）的研究表明，农地规模和服务规模均是基于某种核心要素来实现大规模农业经营的，农地规模经营和服务规模经营共同谱写了农业规模经营的实现方式。马九杰等（2019）指出，以农业机械为代表的农业服务主体的转型与发展，使得中国农业经营规模呈现出小农户、新型农业经营组织和社会化服务组织等多位一体的格局。罗必良（2020）通过案例分析了两种规模经营方式在实现农业现代化中的创新路径。因此，无论是理论分析还是实例论证，中国农业规模经营实际上是"土地"和"服务"相结合的二元规模经营。

二、国内外文献评述

纵观国内外学者现有研究成果，大多学者聚焦于农地流转的行为决策及效果研究，然而农地流转及其规模经营在实践过程中面临着诸多制度性障碍，在短时间内也难以实现农业的规模经营目标。因此，越来越多的学者开始从农业社会化服务视角探讨农业采用服务外包的行为决策及效果，试图从服务规模经营视角探求实现农业经营规模的可能性（陈义媛，2017），并归纳出通过服务外包实现服务规模经营的方式（孙新华，2017），为本书中的相关研究提供了诸多裨益，但仍存在以下几点不足。

第一，现有研究忽视了规模经营的分工本质。本书将从分工视角，将农地流转和服务外包看作是分工背景下两种参与农业规模经营的方式，并进一步探讨农地流转和服务外包的关联性以及农户农地流转和服务外包行为对农业生产和农户收入的交互影响，旨在揭示农地流转和服务外包之间的异质性和替代性，进而探索我国农业规模经营方式的可能创新逻辑和实现机制。

第二，现有研究意识到农地流转和服务外包之间的关联性，但没有将两者纳入统一分析框架下，缺乏对农地流转和服务外包及其规模经营对比分析。因此，本书首先分析农户农地流转和服务外包行为的关联性，究明两种行为之间的相互影响关系；在此基础上探究农地流转和服务外包及其规模经营的主要推动力和制约因素，为针对性地促进农户农地流转和服务外包行为提供理论支撑。

第三，现有研究多集中于农地流转及其规模经营对农户生计的影响，但尚未得到一致性结论。因此，本书将基于长期面板数据，主要分析农地流转及由农地流转形成的农地经营规模对农业生产和农户收入的影响，并探讨这种影响的时期变化情况，并尝试对这种时期变化给出一定的解释。

第四，现有研究在服务外包对农业生产和农户收入的影响方面研究不足，还需要进一步拓展。现有研究未将农业生产与农户增收纳入家庭资源配置的整体框架中，且已有评估往往使用截面数据，难以捕捉到农业生产效应和收入效应的时间变化趋势。因此，本书将基于长期面板数据针对服务外包对农业生产和农户收入的影响及时期变化进行研究，借此来探究中国实现农业经营方式转变的新路径和新方法，为现有研究做一点边际贡献。

第三章　概念界定及理论基础

一、概念界定

（一）农业规模经营

Arthur Young（1770）在《农业经济论》中首次提出了适度规模经营理论，并由此将其定义为：适度规模经营是指在现有条件下，能使土地、资本、劳动力等生产要素实现合理配置的经营规模。Chayanov（1986）在《农民经济理论》一书中同样指出，在一定技术条件下，农业经营者将这些要素按照某种规律进行组合，使得农地经营的规模实现投入最低，产出最高的目标，此时形成的经营规模即为农业适度规模。农业规模经营的核心在于生产要素的合理组合与效益的最大化，土地是农业生产中最基本的生产投入要素，其是不可再生的，因此土地要素的供给缺乏弹性；相对而言，资本和劳动富有弹性，因而农业规模经营很大程度上是指土地的规模经营（宋小亮等，2016）。然而，农地规模经营面临着诸多外部制约因素。农地经营面积过小，粮食的边际效益较低，农户只有通过扩大农地经营规模来实现农地的规模经济，进而提高农业生产的比较效益。但是随着农地经营面积的扩张，农户又面临着劳动力资源不足，以及其带来的雇佣成本增加、信贷约束和风险增加（钟甫宁，2016；王吉鹏等，2018；孙良媛等，2001）等问题，这些都会进一步阻碍农户农地经营规模的扩大，使农地的规模经营难以实现。

在中国小农生产经营的背景下，随着我国机械化水平的快速提高，农业社会化服务外包为要素替代和专业化生产开辟了一条更为现实的路径。这不仅可以有效地弥补劳动力资源匹配不足的问题（钟甫宁等，2016），还能将先进生产技术引入农业生产，进而将农业家庭经营纳入分工经济，有利于推进农业现代化发展（冀名峰，2018）。此时，农业规模经营是通过生产环节服务外包形成的服务规模经营，这与通过农地流转形成的农地规模经营是并行的，因此服务规模经营已经成为实现我国农业规模经营和农业现代化的另一种方式。

（二）农地流转

党的十八届三中全会中提出农村土地所有权、承包权、经营权三权分离，允许农民对土地的承包经营权抵押、担保、流转，同时 2014 年中央 1 号文件在允许农村土地三权分离的前提下强调农村土地使用权和经营权的合理流转，这在一定程度上打破了长期以来的农村土地集体所有、家庭承包经营的"两权分离"的制度安排，适应了时代变迁的需求。农地流转的实质就是农户在保持自己的承包权的基础上，将农地的使用权或者经营权合法地转移给其他农户从而获得一定租金的过程，农地流转过程不仅可以避免农地的荒废，充分发挥农地的使用价值，还可以通过农地流转实现农地的集约化经营，提高农业生产效率。农地使用权的流转一般包括农地的出让和转让两种形式，本书中的农地流转是指农地使用权的转让，即农地的一种横向转移，是种地农户将农地的使用权依法通过合同或者口头约定转移给另一个种地农户或者农业经营组织的过程，即农地经营权在农业经营主体之间的流转形式。

（三）服务外包

服务外包源于我国农业社会化服务市场的发育，在实现将小农纳入现代化轨道过程中具有重要的作用。由于在调研中发现小麦种植过程中的服务外包程度高于玉米种植过程中的服务外包程度，因此本书将农业生产环节外包具体到小麦种植领域。小麦的生产环节具体可分为耕地、播种、植保、灌溉、施肥、收割、干燥和储蓄等 8 个环节，但在实际操作过程中，灌溉、施肥、干燥和储蓄环节的外包程度很低，难以影响农户的农业生产和家庭收入，因此，本书着重分析耕地、收割、播种和植保 4 个环节的服务外包行为及其影响。所以，本书中的是否在生产环节服务外包指的是小麦生产环节中是否将耕地、收割、播种和植保 4 个环节以雇佣的形式交由农业专业组织或者种植大户等能提供服务的社会组织来完成本该由农户自身完成的工作（王志刚等，2011），然后农户将给予提供服务的组织和个人一定的费用的过程，如果将生产环节外包给社会组织则说明农户参与了农业生产环节外包及服务规模经营行为。服务外包通过一定的劳动力替代或技术替代解放了劳动力和落后的生产技术，因此，本书将服务外包代替劳动力的生产环节称为劳动密集型环节外包，主要包括耕地和收割环节；而将服务外包代替落后的生产技术来完成生产的环节称之为技术密集型环节外包，主要是播种和植保环节。

（四）农业分工与农业专业化

农业分工和农业专业化是有一定区别的（杨丹，2012）。具体表现为：第一，农业的专业化是在农业分工的基础上发展起来的，农业分工是农业专业化的基础，农业专业化是农业分工的某一方面的具体表现；第二，农业专业化是将农业生产过程中按照农业分工理论进行具体划分以后，在某一生产环节内发挥所有参与者的比较优势最终实现最大效用的状态。

分工思想最初应用于工业和国际贸易领域，分工的产生促进了工业经济的不断发展，后来随着农业技术的不断进步，促进了分工思想在农业领域的应用，进一步促进了农业分工的产生。正是由于农业分工的出现，才为农业规模经营的另一条路径——服务规模经营的实现提供了前提和保障。实际上，农业分工是以农业活动为基础，将农业生产活动划分为多个生产环节，按照农业生产环节进行的分工。农业生产环节分工是指农业生产活动中不同农业生产环节的划分，比如农业生产环节可以分为耕地、播种、收割等环节，有些农民专门从事这其中的某一个环节就达到了农业分工的目的。农业生产环节的分工同时包括农业生产过程每个阶段的纵向和横向分工。其中，纵向分工是指农业生产过程中的所有过程分为生产前、生产中、生产后的分工；横向分工主要表现在特定环节中不同生产经营主体的分工合作过程，表现为一定的区域化、职能化和专业化。本书中主要是指纵向分工，将农业生产环节细分为更容易实现专业化生产的环节，进一步促进社会化服务职能的出现，将小农户纳入农业现代化轨道中，最终实现分工经济和规模经济，这也是农业分工深化的题中之义。

农业专业化根据其不同生产要素的集聚方式可以分为地区专业化、生产主体专业化和环节专业化。农业生产具有一定的特性，比如某一地区的自然条件比较相似就会导致某一地区比较适合种植某种作物，或者说某种作物在这一区域内易存活，给农户带来更高的效益，这就会逐渐形成地区专业化。地区专业化多是由于自然因素诱导的。生产主体专业化是指某一生产主体凭借其拥有的先进的生产技术或某种比较优势形成一定规模的经营范围，比如由于农业效率较高形成的种粮大户、家庭农场等，由于养殖技术较高形成的养殖大户等。环节专业化是指某一生产单位在某一生产环节拥有绝对的优势用来专门服务于这一生产环节，比如专门收割、专门种植等。整体来看，农业专业化是充分利用人力、资本和技术等投入要素，形成专业化的生产过程，进而提高经营主体的综合效益。

（五）规模经济与分工经济

最早关于规模经济的定义可以描述为：生产某一单位产品导致平均成本下

降的过程，这说明此时是存在规模经济的，前提是保持当前技术水平不变（John Eatwell 等，1996）。在现有研究中，对"规模经济"和"规模报酬"两个概念容易混淆，我国经济学家主编的《西方经济学大辞典》一书中认为，规模报酬是指同比例投入不同生产要素导致产出的变化过程，前提仍是技术水平不变（胡代光和高鸿业，2000）。从定义中可以得出结论，两者之间存在一些不可混淆的关系和差异。第一，两者之间对投入要素的要求不同，规模报酬要求所有生产要素的投入按照同比例变化，但现实生活中生产要素的投入很难实现同比例变化；而规模经济对投入要素的规定则更普遍，即投入要素不一定非要按照同比例投入，其包括了不按照比例投入情况。第二，规模报酬讨论的是当生产要素按照同比例投入时对产量的影响；而规模经济不仅讨论产出，而且讨论投入成本和产出的关系。第三，从降低平均成本的角度衡量规模经济，这是货币价值分析的一部分。规模报酬的变化通过生产技术的功能来表达，这是物理层面分析的一部分。

新古典经济学认为规模经济是经济增长最重要的驱动力，但相关学者对古典经济学的复兴进行了研究，认为规模经济的本质在于分工和专业化，分工经济才是规模报酬递增和经济增长的动因（Young，1928，Yang & Borland，1991，Becker & Murphy，1992，斯密，1776）。在本书中，参与分工经济是小农户与现代农业有机衔接的必由之路，当小农户面临劳动力约束时，可以借助社会化服务来完成农业生产环节中本应由农业劳动力完成的作业；同时，只有农户在某一生产环节形成聚集性的服务需求，使得服务规模达到一定的市场容量才会诱导专业化的社会化服务组织的出现。可见，农户的横向专业化所形成的聚集性的服务需求可以形成一定的市场容量进而诱导农业的分工深化，专业化的生产性服务更容易将小农户卷入分工经济。由此可知，农业生产过程中不同生产环节的分工和外包将促进农业社会化服务外包市场的发育，其与农地种植的专业化、农业区域化等密切相关，同样依赖于多元的新型农业经营主体和服务主体。因此，培育"生产经营性服务"以及增加农业生产环节的迂回投资不仅有利于引进现代的生产要素，也有利于提高农民现代化管理水平，诱导农户融入农业分工的价值链，最终实现农业分工的经济性。

二、相关理论

（一）规模经营理论

马克思高度认可农业规模化经营理论，认为小农规模小、生产技术落后，是分散、封闭的象征，最终是会被大生产所排挤和淘汰的，大生产才是农业生产的方向。规模经营理论发展至今，主要分歧在于随着土地种植规模的扩大，是带来报酬递增还是会引来反转规律，目前仍无定论。支持规模报酬递增的一派认为，当土地规模偏小时，不仅造成土地资源浪费，而且由于投资的不可分性，会影响到机械和新技术的采用，不利于农业向商业化农业和现代农业转变。反对的一派则基于多国的实证研究，发现随着农地经营规模的扩大，土地生产率与农地规模经营之间不存在正向关系（许庆等，2011）。学界将土地生产率随着农户经营规模变大而下降的现象命名为"负向关系"（Sen，1962）。这一派主要从小规模农户可通过购买农业机械和生产服务等社会化服务视角来予以解释（田欧南，2012）。

如果存在报酬递增规律，我们也不可能为了获得报酬递增而人为推动土地集中规模经营。当前土地的社会保障功能不允许我们这样冒险。同样，即使存在"负向关系"，我们也不可能维持小农规模来保障土地单产不下降，因为土地集中经营和种植规模扩大已经成为多个国家的普遍现象，比如美国、巴西、乌克兰、印度、日本、韩国、法国、德国、澳大利亚等国家均在实现农地规模经营方面做了一定的贡献（倪国华和蔡昉，2015），这表明农地规模经营是适应国家经济发展的必然要求（Rboert and Lucas，2004）。中国农村土地呈现高度细碎化，且人均占有土地面积少，不足世界平均水平的一半。伴随着改革开放与中国经济的腾飞，越来越多的农户能够进入城市非农产业务工，为中国农业带来了历史性的契机。人口大量离开农业和农村，有效促进了农地流转市场的形成，中国农户的种植规模在慢慢增加（洪名勇和龚丽娟，2016）。因而，正确的做法就是尊重农民的主体性，尊重市场规律，让农户权衡是留守农业还是进城务工。这意味着我们不能仅仅讨论"负向关系"，或者规模报酬递增规律，更应该立足农地不断集中、农户种植规模逐渐扩大这一现象与趋势，做出相应的对策。

（二）交易成本理论

Coase（1937）第一次提出了交易成本，这是所有发现相对价格的成本，是通过价格机制组织产生的。交易成本是在交易过程中除了产品本身价值之外所花费的所有成本，不仅包括时间成本还包括物质成本。交易成本是人生活中不可分割的一部分，伴随着人与人之间的交易产生的。交易成本的大小是由交易频率、交易不确定性和资产专用性决定的。其中，资产的专用性是指交易物在人类生活中的不可替代性以及交易物的作用是否是唯一的和专业的，因此资产的专用性对交易成本起到了决定性的作用；交易频率代表着交易的次数、交易的规模等，交易频率越高，越有利于降低交易费用的单位成本；交易的不确定性主要体现在交易过程中是否存在一定谈判成本和违约成本，风险性越大，交易成本越高。

农业劳动力的不断转移、机械化程度不断增加，促进了新型农业经营主体的不断出现以及农业社会化服务市场的不断发育，导致农业分工在农业生产过程中不断深化，增加了农业经营主体在生产过程中的交易次数和交易能力。我国均田制改革带来的小农经营局面，会导致一个规模经营户要进行多次的农地流转才能形成一定的规模经营局面，因此面临着较高的交易成本。在农业社会化服务不断发展过程中，打破了这种农地承包权流转的局面，以服务代替流转的形式实现服务规模经营，降低了农地流转过程中的交易成本，因此通过服务外包形式同样契合了罗必良（2017）的迂回交易的概念。

（三）分工协作理论

分工协作理论可以应用于各生产领域，本书聚焦于农业生产的分工与协作行为，不同农业作物种类包含了不同的生产环节，为实现农业生产的效益最大化，各生产环节都需要进行一定的分工，以及各生产环节不同生产经营主体相互间的协调合作。分工协作理论经历了从中国古代的分工协作理论、西方古代的分工协作理论到古典分工协作理论和现代分工协作理论的发展过程。具体来看，中国古代的分工协作理论是将士农工商等不同领域进行区分，使得各领域之间不会相互干扰；而又将同一领域的人相聚和协作，为了更好地交流经验，促进技术进步和行业的健康发展。西方古代分工协作理论的代表人物为色诺芬和柏拉图，两个人的思想都集中于人，认为人不可能是一个全能的人，精通于所有的工作，如果让一个人只专注于同一件事，那么他就会将这件事情做得很好，但是色诺芬认为这种分工的程度依存于市场范围，而柏拉图将分工协作思想放置于国家范围内，认为每个人只有在国家内做一项最适合他的工作才能实现整个国家的优化统治。

随着经济的发展，工业革命导致人类在更高层次上进行分工和协作，这时期的分工协作理论为古典分工协作理论，代表人物为亚当·斯密、马克思和亨利·法约尔。亚当·斯密在分工理论中的地位是毋庸置疑的，他的《国富论》奠定了西方经济学的基础，他认为分工协作的结果让每个人的注意力都集中在一件事物上，因此带来了效率极大地提高。效率的提高可以来源于：劳动者对某一项工作熟练程度的增加；节省了劳动者从一项工作向另一项工作转变的时间；利用机械化完成了对某些劳动力的替代，因此带来了分工效率的提升。众所周知，熟练可以促进一定工作方法的改良，使得工作变得更容易。马克思的分工协作理论重点在协作方面，认为如果很多人同时参与到同一个生产过程或者有相互联系的生产中，既可以有计划地协同工作，又保持自身独立的一部分，他们既完成了分工，又可以通过协作缩短产品的必要生产时间。因此，协作不仅可以扩大劳动的作用范围又可以缩小劳动空间的范围，降低因将所有环节劳动者进行集结或靠拢产生的非生产成本。马歇尔则倾向于对报酬递增规律的探讨，即研究了生产要素在其中的作用。他将生产要素分为人力、资本、土地和组织，生产要素会对报酬递增规律产生积极的影响，而自然对报酬递增规律的作用是反向的。当自然的影响大于生产要素时，生产者会得到报酬递增的结果；否则，生产者只能得到报酬递减的结果。同时，他认为组织的作用也很明显，组织的改进和技术都会产生规模报酬递增。亨利·法约尔则认为劳动分工对工作效率的提高是有限度的，一定程度的劳动分工会提高效率，但过细的分工就会降低工作效率。

　　进入 21 世纪以来，分工协作有了新的发展，现代分工理论体系逐渐形成。首先，新古典经济学是以专业化和超边际分析为分工协作理论，专业化是报酬递增的基础，解决了资源配置的问题即如何使资源配置达到最优或者生产某种产品可以有效地配置资源使得产品收益最大化；而超边际分析为新古典经济学解决了分工组织结构的问题，他不仅解决了生产什么可以实现资源配置最大化，还从分工组织的角度解决了为什么要生产这种产品。还有很多学者从不同的角度研究了分工协作，比如科斯和威廉姆森的交易成本视角，张五常等的制度结构视角，这些都丰富了人类对分工协作的视野。随着新科技的不断发展，社会分工已经跨越国界，逐步向国家化发展，比如国际分工、产业分工等，促进分工协作向更深层次、更广领域发展。

　　本书将分工协作理论主要应用于农业部分，即农业生产的分工与协作。现有关于农业分工的研究多集中于农业生产环节的分工与协作，历年来中央 1 号文件也为农业生产环节的分工与协作提供了制度保障。农业分工与协作促进了农业生产环节的服务外包，促进农户进行生产环节的外包，促进服务规模经营的实现，是当前推动农业规模经营的另一种选择路径（罗必良，2016；罗必良，2017）。农业生产通过机械化服务将先进技术引入生产环节，不仅可以促进农业的迂回生产，对农业生产效率的提高也有积极的作用。随着城镇化进一步加快，农村劳动力实现了大量转移，农村农业劳动力急速降低，倒逼着农业生产环节的服务外包。本书中主要选择华北平原粮食主产区农户为研究对象，主要研究农户生产环节分工与协作行为对农业生产和农户收入的影响，为促进农业生产的进一步分工和深化提供数据和理论基础，进而加快农业规模经营和农业现代化进程。

（四）农户行为理论

　　有学者从农业生产角度分析农户行为，并指出农户生产行为是指农户基于一定的生产目标，依托现有的生产条件，采用各类农业技术进行的农业生产和经营活动。具体来讲，农业生产活动包括农作物种类的选择、生产资料投入和生产经营规模的各类决策。农户除农业生产经营之外，还从事其他经营活动，在此背景下，不断扩大了农户生产行为的概念和内涵，由以前的纯农业生产行为扩展到二、三产业的生产行为，农业生产行为也逐步扩大到养殖业、休闲农业等业态。由于本书主要针对种粮农户的生产行为，故对生产行为的界定仍沿用传统的生产行为的内涵进行定义，即农户在粮食种植过程中的一系列经营活动，包括经营过程对土地、劳动力及资本要素的投入和技术选择行为。

当代学者从经济学角度分别对农户行为理论进行了阐述，并生成了三个不同的观点：第一种观点认为，小农的经济发展是为了满足自身的需要而不是一种基于"理性人"假设追求利润最大化而进行农业生产，他们注重的是因自身投入而取得的产出是否满足自身的消费需求，追求的是消费与投入的均衡，而不是成本和利润之间的平衡；第二种观点与前者截然不同，假设农业生产者都是理性的，不仅要追求自身需求，更要充分利用有限的自然资源与自身的资源禀赋，追求利润最大化的目标；第三种观点则是对前两种观点的总结，在此基础上提出边际报酬递减的概念，并认为农户过多地投入劳动，是因为他们没有将自身劳动的边际报酬计算到投入里，他们认为自己的劳动和生产投入是一个不可分割的整体。基于农户是理性人的假设，农户的经济行为目标是追求效益最大化。农户在特定的社会环境中，通过对自身劳动、资本、土地以及技术等生产资料的优化配置来实现效益的最大化目标。随着农村市场经济的不断发展和完善，农户经济行为目标也逐渐从低级向高级发展。农户的资源禀赋具有动态性，当农户面对资源条件约束不断变化时，农户会权衡利弊选择对自己更有利的目标方向。比如随着各种要素市场的完善，农地流转速度的加快，农业政策体系的不断完整，农户更容易适应农村市场经济，提高农业机械化水平，实现农地的规模化经营，从满足自我需要、稳定家庭收入的农业目标向农业专业户、增加家庭收入的农业目标转化。

三、研究框架构建及机理分析

（一）研究框架构建

在家庭联产承包责任制的背景下，均等分的土地资源使得农户之间的农业比较优势难以发挥。随着我国农业劳动力向城镇转移、农地流转市场的不断完善和健全，农户间的土地流转行为逐步增长。在土地可得性较强的情况下，具有农业经营比较优势的农户会通过转入农地扩大农地经营规模，获得一定的规模经济；而具有非农就业比较优势的农户会将农地转出，释放更多的劳动力转移到非农就业部门。在实现农地规模化经营追求家庭利润最大化的过程中，农户必然面临劳动力不足的约束。为了缓解农业经营的劳动力约束，农户可以选择雇佣劳动力或用机械替代劳动力。但是，随着人口红利的逐渐消失，劳动力的影子价格逐渐上升，这显然会增加农业生产的投入成本，选择机械化和资本化要素实现对农业劳动力的替代变得更为合理。由于农业机械具有不可分性以及资产专用性，农户对购买机械面临着资金约束并陷入农地规模与机械利用的不匹配格局，此时，选择农业生产服务外包成为一种可能。随着农机服务市场的不断完善，那些具有农业比较优势但囿于资金约束的农户通过选择农机服务使得农地规模扩张变得可行。这时，农户为了实现分工经济，会选择农业生产性服务外包。总体来看，农地流转导致的农地规模经营会促进农户选择服务外包行为，同样农户通过服务外包参与服务规模经营获得一定的分工经济，也会进一步促进农地流转，实现农地规模经营，此时就实现了农地流转和服务外包的互相促进，从而促进农业规模经济的实现。因此，农业流转和服务外包是参与农业规模经营的两种方式，两者在促进农业规模经营的形成中具有相互促进的关联性，其生成机理如图 3-1 所示。

　　本书侧重于考察大田作物种植农户的农地流转和服务外包行为，从而阐明小农户是如何通过农地流转和服务外包行为参与到农业规模经营，实现规模经济和分工经济，将小农户引入现代农业轨道上的内在逻辑。其分析步骤为：第一，由上述分析可知，农户农地流转和服务外包行为会相互促进，共同实现农业规模经济，因此，要分析农地流转和服务外包的关联性，弄清楚农户这两种行为到底是什么样关系，是如何相互影响的？第二，由于农户规模的扩大一定源于农地的转入，同样依赖于部分农户对其经营权的退出，所以必须识别农户通过农地流转参与农地规模经营的影响因素；同理，生产环节服务外包需要农户将农业家庭经营中的部分或全部生产环节委托其他主体进行操作，从而参与到纵向分工，所以应该识别农户选择服务外包行为的影响因素；第三，无论是农地流转还是服务外包均是实现农业规模经营的方式，会影响到农户的农业生产和收入水平，因此应实证分析农地流转、服务外包对农业生产和农户收入的影响；第四，农地流转和服务外包本质是将农业家庭经营融入分工经济，不能单一地强调农地流转实现的农地规模经营，事实上农户通过服务外包行为参与服务规模经营是我国实现农业规模经营的重要补充和匹配，在促进农业生产和农户收入中相互影响。因此，要考察农地流转和服务外包对农业生产和农户收入的交互效应。本书的整体分析框架如图 3-2 所示。

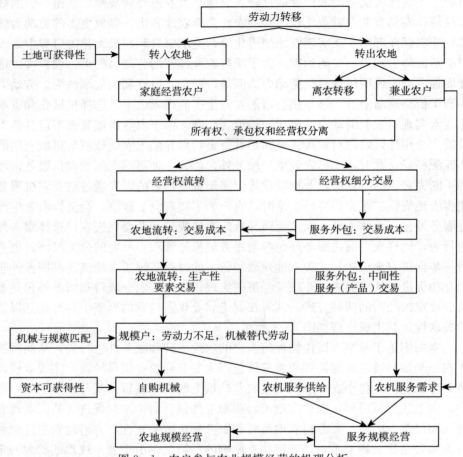

图 3-1 农户参与农业规模经营的机理分析

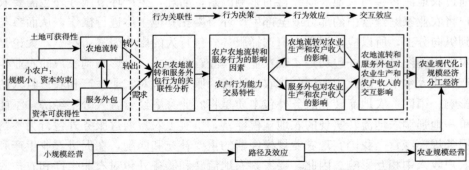

图 3-2 农户农地流转和服务外包行为及影响效应的整体分析框架

（二）研究机理分析

1. 农户农地流转行为对农业生产和农户收入的影响机理

（1）农地流转对农业生产的影响机理分析。农地流转是实现农地规模经营的重要手段。农地的转入会导致农地经营规模的增加，但是农地经营规模的增加是否会真的带来规模经济，这仍取决于各要素市场的完善程度。首先，当农地流转市场处于无效状态时，大规模农户就面临着高昂的监督成本和劳动力投入成本，此时大规模农户通过自家劳动力实现农地的精细化经营；同时无效的土地也难以流转出去，此时小规模农户由于人-地要素配置优化而产量高，大规模农户的生产效率并不高（Otsuka 等，2016b）。其次，随着农地流转市场的不断发展和农业机械技术的不断提高，规模经营农户可以通过自己购买机械实现机械对劳动力的替代，进一步促进农业生产效率的提高，但是小农户受到资金约束无力购买机械，仍通过自己进行农业生产，导致较低的生产效率，此时农地经营规模与农业生产率表现为正向关系。随着社会化服务水平的不断提高，农户可以通过租赁农业机械实现对劳动力的替代，进而实现与规模农户同样的农业生产效率（Yang et al. ，2013）。因此，农地流转及其规模经营对农业生产到底带来怎样的影响仍需要进一步探讨。

当农地经营规模增加导致的投入缩减额高于由经营规模增加导致的成本增加额时，农地经营规模的扩大可以节约成本投入和土地的产出，当然这种情况多产生于种粮大户。而我国目前小农户仍是农业生产经营的主体，规模化和专业化种粮大户仍较少，农户为了获取更高的经营收益，会优先选择从事更高收益的二、三产业，导致对农业生产的时间和资本投入降低，产生"增规不增产"的现象。

但随着农业生产利好政策的不断颁布，比如"三权"分置和"农地确权"政策的颁布，放活了农地经营权，有利于促进农地流转，促进农业生产比较利益的提高。同时国家对适度规模经营的资金支持和政策推动，先进生产技术的不断采用，促进了大规模农户的经营利润和农业生产率不断提高，"增规不增产"的现象也会得到改善。随着农业机械化水平的逐步提高，规模化经营也会加快机械化的速度，节约大量的劳动力（Wang et al. ，2016）。机械成本和土地租赁成本的增加是影响种植业收益的重要因素，而且土地流转租金和流转规模成正比（王倩等，2018）。因此，如果农业生产成本无法降低，规模经营带来的成本优势将会随着时间的推移逐渐下降。影响机理如图3-3所示。

（2）农地流转对农民收入的影响机理分析。对理性农户而言，农户的理性选择是基于家庭劳动力、自身优势做出的选择，目的是实现家庭收益最大化。根据农户进行农业生产经营的效率不同，可将其分为高、中、低三种生产效率

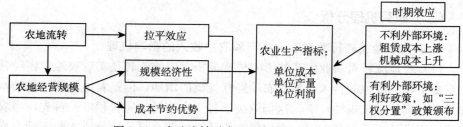

图 3-3　农地流转对农业生产影响的机理分析

的农户，已有文献表明，农地流转会产生"拉平效应"（姚洋，2000），即农地会逐步从农业生产效率较高的农户手中转向生产效率较低的农户。

从农户流转类型来看，对农地转入户来说，农户转入土地后家庭总收入的变化是由于影响农户收入结构导致的。首先，农户在转入土地后其经营规模增加，进而会提升其收入，产生较高的农业生产效率和土地产出率（Feng，2008；Feng et al.，2010；Jin and Deininger，2009），规模生产经营能够实现农户的收入提升。其次，农户转入土地后劳动力也会相应增加，需要投入更多的资金和劳动力（Zhang et al.，2019）。从理论上讲，土地经营规模扩大后，劳动力的外出就业时间会相应缩减（Zhang et al.，2018），其非农收入会减少，但当农户转入土地的面积不足以使其将全部人力和精力投入农业生产中时，将会合理协调农业生产和外出务工的关系，其非农就业收入也未必会降低。因此，农户在进行土地流转后，其家庭总收入取决于农业收入和外出务工收入比例的变化，当土地流转后其农业收入增量大于外出务工收入减量的情况下，农户会选择转入土地进行规模经营进而增加其家庭收入；再次，当家庭在非农就业方面具有比较优势时，农户会选择转出土地，实现非农就业的大幅提高；同时会有一部分土地流转导致的租金收入，因此会提高家庭整体收入水平。可见，无论是土地的转出户还是转入户，均可以通过不同的生产经营模式来改善家庭收入结构，提升收入水平。最后，农地未流转户的家庭收入水平保持相对不变，然而放在整个市场中，未流转农户的家庭收入水平则相对较低。影响机理分析如图 3-4 所示。

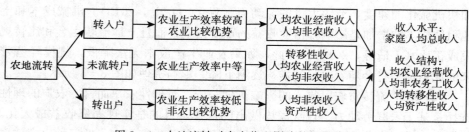

图 3-4　农地流转对农户收入影响的机理分析

2. 农户服务外包行为对农业生产和农户收入的影响机理

农业生产环节服务外包是将农业生产中不同生产环节交给专业的服务主体进行生产经营的活动，不仅可以通过引入先进生产技术促进农业生产效率的提高还可以通过影响家庭劳动力资源配置影响农户收入水平，具体影响机制如图3-5所示。

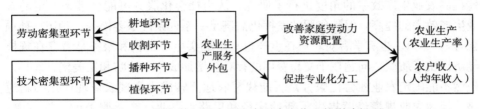

图3-5　服务外包对农业生产和农户收入的影响机理

首先，农业生产服务外包可以提供专业化分工，促进农地的规模化经营，提升农业生产效率，改变农业的生产成本和产出。有学者的研究表明，农业生产外包服务会明显增加规模经营农户的土地转入，对农地规模经营具有显著的促进作用（康晨等，2019）；并且随着农户经营规模的增加，会不断放大服务外包对农地转出的抑制效应，也会扩大其对农地转入的促进效应（洪炜杰，2019）。同时，生产环节外包在促进农地规模经营的同时，会降低农业生产对农户生产技术水平的要求，农户可以将部分或全部生产环节交给专业化强的种植团队或专业化服务组织完成，进而提高农业生产效率（王志刚，2011），影响农户收入水平（陈宏伟等，2019；杨子等，2019）。

其次，农业生产环节服务外包可以弥补由于非农就业导致的家庭农业劳动力不足的问题。家庭劳动力资源配置是基于家庭分工经济理论，尽可能利用家庭成员的分工优势进行选择的结果，以实现家庭利润最大化为目的（Su et al.，2016）。因此，在劳动力市场有效，农民不存在非农就业门槛制约的背景下，家庭劳动力会凭借其在非农就业方面的优势顺利进入劳动力就业市场，进而提高家庭非农收入水平。具体来看，生产环节服务外包可以释放农业生产对家庭劳动力的束缚，促进家庭农业劳动力向非农部分转移，这样不仅可以节约家庭农业劳动力，从而实现对家庭劳动力的有效配置（Picazo-Tadeo and Reig-Martinez，2006），还可以通过非农就业渠道提高农户整体收入水平。

最后，由于不同生产环节对农业生产要素的需求不同，不同生产环节对服务外包的响应不同，因此对不同生产环节的外包选择亦是农户根据家庭资源禀赋选择的结果，同样对农业生产和农户收入带来异质性的影响。

3. 农地流转和服务外包对农业生产和农户收入交互效应机理

从以往30余年的经验可看出，中国为改造"小农经济"，将农地流转促进适度规模经营（后文简称"农地流转型规模经营"）作为主要的战略措施，虽然起到了巨大作用（冒佩华等，2015），但学界也质疑规模经营会产生一定的负面效应（黄祖辉等，2008；韩松，2012；李菁等，2014）。随着农业机械化程度不断增加，中国农业社会化服务逐渐显示出自身的优势，有学者从社会化服务是否能提高农业生产效率的角度进行了研究，认为社会化服务可能会带来一定的农业生产效率的提高，但其作用的发挥仍需满足一系列条件（姜松等，2016；孙顶强等，2016）。也有学者对农户在生产过程中购买生产资料和服务是否存在规模经济提出了质疑，问题在于交易费用的存在会增加成本（蔡昉和王美艳，2016）。虽然不能确定农业社会化服务是否能代替农地流转成为实现农业现代化的新道路，但为农业规模经营提供了新的途径和思路。农业社会化服务的不断完善，使农业社会化服务可以通过服务外包、纵向分工和迂回经济来实现外部规模经济性，进而提升农业的生产效率（罗必良，2017）。由此可以看出，农业流转型规模经营和服务带动型规模经营是我国目前促进农业适度规模经营的核心策略，但二者"孰优孰劣"、其本质逻辑关系如何是未来需要厘清的问题。

　　农地的规模经营是围绕"土地"要素通过农地流转形成的土地经营规模的增加，实现了土地要素的集中，有利于实现规模主体的专业化生产，为实现服务外包提供了市场容量，增加了规模农户对服务外包的需求和依赖（王志刚等，2011）；服务规模经营是服务主体围绕"农机"（技术）要素通过服务外包的形式将农业先进技术带入农业生产中，引致了农户对土地的需求，促进农户转入土地形成土地的规模经营（杨子等，2019）。因此，农地流转和服务外包存在明显的相互影响关系，农地流转形成的规模经营促进农户对服务外包的需求和依赖，而服务外包形成的服务规模经营又能推动农地规模经营的实现。综上所述，本书认为，应该将农地规模经营和服务规模经营两种路径纳入一个统一的框架中进行探讨，而且二者应相结合共同推进农业现代化发展的进程。二者相互影响机理如图 3-6 所示。

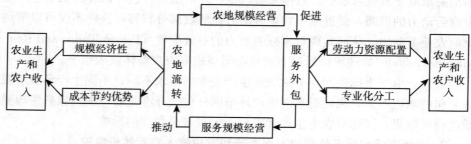

图 3-6　农地流转和服务外包对农业生产和农户收入的相互影响

第二篇

现状篇

第四章 研究区域农地流转和 服务外包发展现状

一、研究区域农业生产概况

本书选择河南、山东和安徽 3 省 10 县作为研究区域。其原因主要有三个：首先，这 3 个省份的小麦产量均居我国前位，在保障我国粮食安全方面具有至关重要的地位。统计数据显示，2020 年河南、山东和安徽 3 省的耕地面积分别为全国各省耕地面积的第二、第三和第四位。但是，河南、山东和安徽 3 省的农业生产仍以小农经营为主，户均承包土地面积仅有 0.6 公顷（Zhang et al.，2016），土地细碎化现象明显，阻碍农业现代化的进行。其次，我国多项土地改革试点均在此 3 省首先实施，农地流转市场发展迅速。截至 2019 年底，山东省全省农地流转面积 3 890.4 万亩，农地流转率达到 42.3%，土地经营规模化率已超过 60%[①]，而在 2017 年，河南、安徽两省流转土地面积在家庭承包土地面积的占比分别为 32.5%[②]和 46%[③]。最后，河南省、山东省和安徽省的农业社会化服务体系不断完善，2019 年，山东省农业生产托管服务面积已达到 1.46 亿亩，全省农作物耕种收割综合机械化率已达 86% 以上。同时，河南省和安徽省的机械化率也均在 80% 左右。因此，选择河南、山东和安徽 3 省研究农地流转和服务外包行为对促进粮食主产省小农与农业现代化的衔接具有重要的现实意义。

（1）主要的农作物。山东省土地总面积 1 571.26 万公顷，约为全国的 1.63%，农用地为土地总面积的 73.61%，合计 1 156.6 万公顷，人均耕地 0.08 公顷（1.20 亩）。山东是我国农业大省之一，耕地率为全国最高，主要粮食作物为小麦、玉米和地瓜。河南省耕地面积为 815.27 万公顷，居我国第二

---

① 数据来源：齐鲁网 . 山东农村土地流转步伐加快土地经营规模化率超 60% ［EB/OL］. http://sdxw. iqilu. com/share/YS0yMS02ODgzMTk1. html，2020－06－07.

② 数据来源：土流网 . 河南省农村土地流转发展态势及相关政策 ［EB/OL］. https://www. tuliu. com/read－37732. html，2016－08－04.

③ 数据来源：中国新闻网 . 安徽省省长：安徽承包耕地流转率 46% ［EB/OL］. http://mp. pdnes. cn/Pc/ArtlnfoApi/article？id＝6466868，2019－08－14.

• 43 •

位，是我国粮食主产区，粮食产量超 3 000 万吨，占中国粮食总产量的 1/10，其中小麦种植面积占粮食播种面积的 54%，产量占全国小麦总产量的 25% 以上，其次为玉米和薯类。安徽省也是我国种粮大省之一，2021 年粮食播种面积达 731 万公顷，总产量 4 087.6 万吨，居全国第四位。

（2）粮食种植面积和粮食产量。21 世纪以来，我国农业生产力迅速提升，粮食总产量稳步增长，为我国粮食安全提供了坚实保障。其中，粮食主产区在保障国家粮食安全中发挥着举足轻重的作用，其生产能力的提升也得益于国家不断加大政策支持力度。2020 年，河南、山东和安徽省的粮食种植面积分别位于中国粮食种植面积的第二、第三和第四位，三个地区粮食总种植面积约占全国粮食种植面积的 23%，种植面积分别为 10 739 千公顷、8 313 千公顷、7 287 千公顷。河南、山东和安徽省也是中国产粮大省，如表 4-1 所示，2020年河南、山东省的粮食产量达到 6 826 万吨、5 447 万吨，较 2019 年分别增加了 131 万吨、90 万吨。而安徽省的粮食产量较 2019 年略微下降，可能的原因是生长期间受连续降雨和偏低温影响，全省粮食产量有所下降。

表 4-1　研究区域粮食种植面积和粮食产量分析

区域	粮食种植面积（千公顷/万公顷）						粮食产量（万吨/亿吨）					
	2015	2016	2017	2018	2019	2020	2015	2016	2017	2018	2019	2020
全国	11 896	11 923	11 799	11 704	11 606	11 677	6.61	6.60	6.62	6.58	6.64	6.69
河南	11 126	11 220	10 915	10 906	10 735	10 739	6 470	6 498	6 524	6 649	6 695	6 826
山东	8 407	8 517	8 456	8 405	8 313	8 282	5 153	5 332	5 374	5 320	5 357	5 447
安徽	7 281	7 359	7 321	7 316	7 287	7 290	4 077	3 962	4 020	4 007	4 054	4 019

数据来源：国家统计局。全国数据中，粮食种植面积和粮食产量单位分别为万公顷和亿吨；各省粮食种植面积和粮食产量单位分别为千公顷和万吨。

二、农地流转和服务外包相关制度的演进

依据制度经济学的相关理论，制度与经济相辅相成，互相影响。由此，对制度的研究和分析是探究经济行为及其影响机制的前提，为其行为效果提供制度支撑。尤其在中国，土地制度改革和小农经济不断发展的过程也是我国政治和相关制度的演变进程。本节将着重探讨农地流转与农地规模经营、服务外包与服务规模经营的制度变化，期望通过认知这些制度的变化总结出制度演变规律，并提出适应农业规模经营发展的制度调整方向。这些演进规律是经历过历史检验的，可为推动农地流转、服务外包市场化改革，乃至保障我国粮食安全和推动后续农地制度改革提供宝贵的经验和借鉴。小农经营不仅具有历史继承

性，也具有世界广泛性，在很多发展中国家尤其是在中国，小农户仍是农业生产经营的主力军。随着农地制度改革，生产技术的不断革新和应用，以及农业机械化水平的快速发展，我国小农经济参与农业分工程度逐步加深，逐渐形成以农地流转为表征的农地规模经营和以服务外包为表征的服务规模经营两种规模经营形式并存的农业规模经营局面。但是，随之而来的是亟待解决的现实问题，分析当前农地制度调整可能碰到的调整难点能够加深对当前制度改革存在的困难认知，以尽量减少今后改革中发生错误决策的风险。因此，分析研究区域农业规模经营行为及相关制度的演变，以及农地制度调整过程中存在的问题，是实现我国农业高质量发展、小农户与现代农业发展有机衔接的关键。

（一）改造传统农业：基本主张及评论

从现有研究看，对于改造传统农业的经典理论中，有两种主流观点。第一种是以恰亚诺夫为代表的一派，认为小农具有抵挡资本主义渗透的力量（A.恰亚诺夫，1996），小农独有的"农业生产方式"使得小农得以长久的存续下去；第二种是以马克思主义为代表的一派持有的相反观点，认为小农的生产方式将会使小农经营逐渐被资本主义农场所替代，最后小农经营逐渐消失，而农民成为资本主义农场的雇佣者（马克思，1972）。前者关注小农的延续，其将以生活性的小农的方式存在，而后者关注的是生活性小农向生产性农业的转型。这两类理论意味着小农要么以简单重复性的生产方式维持延续，要么小农终将被消灭，意味着小农两个极端的命运。但在传统经典理论的研究中，如何将小农融入现代化农业发展轨道中的问题没有得到重视。

在经济学中多将传统农业看作是低效率的典型形态，而新古典经济学将传统农业作为一个真正的经济概念进行研究。其中做出最大贡献的是经济学家舒尔茨。舒尔茨将传统农业表达为：由于缺乏新技术的引进，各生产要素长期达到一种平衡且不变的状态，因此传统农业是能为农民世代所用的一种特殊的经济均衡状态，是一种维持简单重复再生产的小农经济，是长期不变的生产方式（西奥多·W.舒尔茨，1987）。由此，是否能够引进新的农业生产要素，使小农真正实现现代化农业生产，是传统农业改造的关键所在。舒尔茨的理论得到了学术界的普遍认可，同时，也被大多数发展中国家作为农业发展政策制定的理论依据。从我国政策演变来看，从2007年中央1号文件提出了利用现代化科技和理念发展现代农业，增强农业效力，到2021年中央1号文件提出继续加快推进农业现代化，可以看出，我国农业政策的制定和改革路径也和舒尔茨的理论一脉相承。但不可忽视的是，其理论仍存在一些缺陷。

第一，依据新古典经济分析框架，农户作为经济人，会依据市场价格的变动来配置农业生产的要素，实现生产效率的提高和收入提升的双重目标，但农户决策的目标函数具有多样化的特点，有可能是收入最大化也有可能是效用最大化，或是成本最小化。同时，农民不仅具有经济功能，还有非经济功能。因此如果农户具有厌恶风险偏好，在新古典模型中的基于效用最大化目标的要素效率并不一定是有效的；此外，农民还存在重要的社会理性和生态理性，因此如果农民具有非经济功能偏好，那么以价格效应为测度标准来评价农民的效用水平也将存在一定偏差。

第二，内生性问题仍未解决。舒尔茨认为，要对传统农业进行外生干预时，只有通过引入新要素打破原有农业生产的平衡，才有可能完成对农业生产的改造。在农业生产要素和技术水平不变的情况下，原有的平衡是很难打破的，这意味着原有传统农业会被维持，即意味着"马歇尔平衡"。另外，农户之间是异质性的，如果将农户视为同质的，则忽视了其参与农业分工的可能性，难以估计农业分工在农业经济增长中的迂回投资效果。因此，要想更好地运用舒尔茨改造传统农业的理论，则需要关注并解决内生性问题。

第三，经济增长不仅包括经济水平的增长还包括经济结构的变化。新古典经济学着重探讨资本、劳动力和技术等要素对经济增长的影响，但却忽视了促进经济结构转型的其他因素。同时，内生经济增长模型只注重人力资本、产权制度等内生因素对经济增长的作用，而忽略了农业组织方式的重要作用（罗必良，2008），这将使小农很难融入现代化轨道。现代农业不仅可以将现代生产要素通过直接投资的方式引入，还可以采用基于服务外包的方式对农业生产进行迂回投资，获得一定的分工经济。其中，服务外包的方式不仅包括委托他人进行中间环节的耕种方式（即"代耕"），还包括委托他人对农业生产全程进行管理（即"代管或"代营"）的经营方式。

（二）农地流转的制度演进

1978 年党的十一届三中全会拉开了中国改革开放的序幕，其包括了对内改革与对外开放的政策。中国的对内改革是从农村改革开始，而农村土地是保障农民生存的物质基础，因此，农村土地制度改革成为农村改革的开端，1978年安徽小岗村的家庭联产承包责任制成了我国对内改革的起点。同时，本书根据我国历年来的中央 1 号文件以及与土地改革相关的法律法规，总结归纳出了有关农地流转、规模经营的制度内容，并划分为四个时期。具体的演变过程可以总结如下：

（1）第一轮土地承包、农地流转禁止期（1978—1987 年）。1978 年是家庭联产承包责任制的开始。家庭联产承包责任制使农户自主经营，生产积极性提升，极大促进了农业生产效率，这种改革方式迅速得到了中央的大力肯定。该时期的改革制度对土地的承包进行了规定，但是没有规定土地的承包期到底有多久，直到1984年中央1号文件才首次提出将土地的承包期规定在15年以上，这在政策层面上给予了明确的规定。1978—1987年，农地流转在法律上是被禁止的。此时的政策明确规定任何个人或组织都不得侵占、买卖、出租或者以其他方式转让土地。但是如果确实因为无力耕种土地或者劳动力向非农转移，则可以将土地转包给其他人，承包者给予转包户一定的实物补贴，而不能是现金补贴或者是以免费的方式赠予别人。"无偿"转包形式由于无租金，多发生在亲朋好友之间（俞海等，2003；李庆海等，2011），农户土地流转的积极性有限，进而导致此时的农地流转市场很低迷或者不存在。

中央政府对规模经营也相当重视，新中国成立初期的农业合作化运动的初衷就是为了实现土地的规模化经营，但由于种种原因导致合作化运动被放弃。1978—1982年为家庭联产承包责任制的大力推广期，导致规模经营的推进也迟缓了些。但是，1984年开始又恢复了规模经营的政策，主要是鼓励有条件的发达地区先进行试行，以探索土地集约化的经验。此时，也有了鼓励发展社会化服务的雏形，对不适合进行农地规模经营的地方鼓励发展各种生产环节的服务外包来实现服务的规模经济（1987年中央5号文件）。尽管中央文件鼓励农户进行适度规模经营，但这些政策并没有其他优惠措施配套，现实中"无偿转包"的做法抑制了农户的土地供给，所以此时的农地规模经营停留在政策层面，而在实际操作方面还处于起步阶段。

（2）第二轮土地承包、农地流转规范期（1988—2007年）。从1978年土地联产承包责任制实施开始到1993年，大部分承包地面临到期，续期还是重新调整的问题亟需从政策层面上给出明确的指示。1993年中央1号文件明确提出农地的承包期限再延长30年不变，同时倡导"增人不增地、减人不减地"的做法。1988—2007年，农地流转的制度变化主要在两个方面，一是合法化，二是规范化。农地流转的合法化既包括使用权，也包括承包权流转的合法化。1988年《土地管理法修订》将土地使用合法化，明确其可以转让；2003年《农村土地承包法》进一步规范了农地流转相关政策和具体内容，从流转方式、期限及服务管理方面进行了规范。

在规模经营方面，其基本与1988—2007年的政策方向比较一致，比如允许农业劳动力实现稳定转移，在二、三产业比较发达的地区，或者在社会化服务比较健全的地方，适当加以指导，发展适度的规模经营，而不是全国范围内全面展开。虽然政策方向一致，但更加多样，农地流转的市场化程度也越来越高，不仅可以以现金形式进行出租还能以入股的方式进行农地流转。在此阶段中央同步强调了维持农户在农业规模经营中的主体地位，如 2001 年《中共中央关于做好农村承包地使用权流转工作的通知》提出将流转出的土地尽量转入到专门从事农业生产的农户手中。

（3）农地确权登记颁证、农地流转引导期（2008—2013 年）。此阶段划分的缘由主要有以下两个方面：首先，该时期逐步完成了农地确权登记颁证；其次，国家鼓励大户集中经营，以及发展家庭农场和农民合作社进行规模经营。中国的农地制度改革一直沿着明晰产权和市场取向的趋势进行推进，而农地制度改革的重点就是农地确权。我国于 1997 年开始实行大规模的农村土地承包，至 1999 年 8 月持有土地承包权证书的农户比例达到 42.9%，随后确权工作进入一段持续缓慢增长阶段，2008 年增至 47.7%（刘守英，2017）。虽然这一轮农地确权改革取得了较大成绩，但由于地方政府与农民利益的冲突等原因导致改革没有更好地落实，未建立清晰的确权登记账目，土地的面积、边界缺乏书面登记和凭证。2013 年的中央 1 号文件提出开展农村土地确权登记颁证工作。新一轮农地确权工作有较大的创新和突破，要对农地的面积进行精准测量并规范登记，明确做到地块、面积、合同和证书全面到户，同时赋予承包经营权抵押、担保权能，促进农地流转新格局的形成。至此，我国登记颁证工作基本完成，全国农村土地确权登记发证率超过 94%[①]。

农地流转政策在这一时期可以分为两个阶段，一个是农地流转的规范时期（2008—2011 年），2008 年、2009 年和 2010 年中央 1 号文件分别针对农地流转市场和中介服务方面加强管理；另一阶段是农地流转引导期（2012—2013年），主要原因在于这两年的中央 1 号文件均提出了引导，其中 2013 年还增加了有序流转的要求。

这一时期的政策主要是提出要创新规模经营形式，特别是依靠市场，加强服务等。各类政策文件中也提到要完善市场环境，通过专业大户、家庭农场、新型经营主体的培育和发展促进适度规模经营，这突出了政府在培育规模经营发展过程中的服务意识，也可以看到国家逐步在培育新型经营主体的多元化发展，进一步提高农地的规模化经营程度。

（4）农地流转深化期（2014 年至今）。主要的依据是，国家对包括农村土地所有权、承包权和经营在内的"三权"有偿退出改革试点。新一轮的农地确权改革是推动农地流转顺利进行的制度保障。2014 年农业农村部在山东、重庆等部分地区试点的基础上，要求扩大农地确权登记颁证的试点范围；2014

----

① 数据来源：国务院新闻办公室《中共中央国务院关于保持土地承包关系稳定并长久不变的意见》发布会（2019 年 11 月 28 日）。

年中央 1 号文件也明确指出要继续落实土地确权登记，保障农地承包关系的稳定；至 2018 年，全国大部分农村地区完成了土地确权工作，为农户颁发了土地确权证书。土地确权能够通过颁证使农户的承包经营权、宅基地使用权有权益保障，进而有利于将土地集中连片，实现更高的规模化和机构化经营。

近年来的农地流转政策主要是引导农户有序流转土地承包经营权，将农地流转市场的健全、农地流转市场的服务和管理的规范、农地流转行为的补贴等几个方面在制度上进行强化。此阶段的政策着重通过对农地规模经营户给予补贴等政策优惠来鼓励和支持农业规模经营，特别是支持农户发展家庭农场等新型经营业态。

（三）服务外包的制度演进

农业生产中的外包服务并不少见。它的起源和发展植根于中国农业生产经营体制的变化和变革中。服务外包随着农业生产发展的专业化分工、社会化合作、产业关联和区域布局不断变化而不断成熟和发展。近年来在农村劳动力流失、农业社会化服务体系不断完善的现实情况下，农业生产环节外包服务发展迅速，成为一种有效的外包服务模式，尤其是在发达的沿海地区。随着我国对农业农村发展的政策利好以及农业市场体系的不断完善，农业生产环节服务外包在新时期具有了更重要的意义。新型农业经济主体社会化服务能力的提升，为内部分工和自身发展提供了条件，如合作社、企业能够为小农户、家庭农场提供便捷的农业生产社会化服务，能够解决小农户机械化等服务缺乏的问题，加快我国农业向现代化发展的步伐。

农业生产环节服务外包伴随着我国家庭联产承包责任制的确定产生并逐步发展，到现在为止已成为一种新型的农业生产经营方式，其本质也是社会化服务的一种形式，其演进过程也与我国农业社会化服务的进程相同步，同时具有明显的阶段性特征。结合我国农业发展的阶段特征、农业社会化服务的发展阶段以及农业生产环节服务外包的具体表现形式，本书将农业生产服务外包的发展进程分为三个阶段。

（1）萌芽产生与内涵拓展（1978—1989 年）。我国改革开放以来实施的家庭联产承包责任制极大地调动了农户的生产积极性，提高了农业生产效率，也不断拉升农业社会化服务的供需。社会化服务的概念首次见于 1983 年中央 1 号文件，并提出农业生产各过程的社会化服务已成为农户的迫切需求。此后，各类政策文件对农业社会化服务的内涵和内容不断进行扩展和完善。农业经营体制的改革为服务外包提供了制度保障和理论基础，进而使服务外包产生萌芽。但从家庭联产承包责任制的实际形式来看，每户均田制的安排，加之土地资源稀缺，使传统的农户经营面临着经营分散、规模较小的固化格局，在很大程度上约束了农业机械化在农业生产经营过程中的使用，进而使农业机械的服务价值无法体现。总体来看，此阶段的农业生产环节外包仍处于一个低级和初期的发展水平，主要形式为产前产后的社会化服务购买，以及农户之间的代耕代管等方式。

（2）快速发展与逐渐完善（1990—2007年）。随着乡镇企业的快速发展及农业收益较低的现实，农村劳动力更倾向于外出务工获得更高的工资收益，劳动力逐步向城镇甚至大城市转移，农户的兼业化迅速形成，农业生产中的青壮年劳动力严重不足，这使得农业生产对社会化服务的需求急剧增长。中央的一系列政策也将农业社会化服务体系建设作为重要工作确定其基本内容并补充完善①。在政策和现实需求的推动下，一大批专业化服务主体迅速形成并壮大。同时，这一阶段随着农户收入的快速提升，其对机构等固定资产投资的能力也大幅提升，加之农村青壮年劳动力外流和将自身从体力劳动中解放出来的现实需求，农业生产对农业机械化的需求激增，农户对农业机械的购置意愿增强，但受限于农户资本投入能力有限，一些大型机械的购置能力不足，这也催生了农机服务组织的诞生和发展，主要服务于农业生产过程中的农田作业和运输。总体来看，依托农业社会化服务体系的不断完善，社会化服务外包在此阶段处于快速发展的态势，并且以机械化服务外包为主。

（3）成熟稳定与全面深化（2008年至今）。随着城市化的进程和劳动力转移的趋势加快，我国也在不断调整农业产业结构，促进农业生产向规模化和集约化发展，加之农业科技的快速进步和机械化程度的进一步提高，农业生产经营对社会服务的需求持续增长，而且不断向专业化和市场化转变。我国一系列的政策导向也将社会化服务体系的发展提到了一定的战略高度，培育和完善社会化服务体系，引导不同类型的社会化服务主体进入农业生产，同时依托新型农业经营主体的发展，推动农业生产向规模化发展。此外，在这一阶段，国家提出了"三权"分置的重要政策，农地产权更加明晰，这为农业生产环节外包提供了更为便利的条件。在此阶段，农业生产环节外包服务更加专业化和细分化，而且其链条更长，覆盖了农业生产的产前、产中和产后全过程，而且利用机械化和技术的广泛应用进行服务形式的全面深化以及形式的创新，整体外包

---

① 1990年《关于1991年农业和农村工作的通知》中首次提出"农业社会化服务体系"的概念，并将服务主体确定为"合作经济组织、国家经济技术部门和其他各种服务性经济实体"。1991年，国务院就农业社会化服务体系建设发出专项通知，指出"加强农业社会化服务体系建设，是深化农村改革，推动农村有计划商品经济发展的一项伟大事业"，并首次确立了农业社会化服务体系的基本框架。

服务市场也趋于完善。

三、农户农地流转的发展现状和存在的问题

(一)农户农地流转发展现状

2013 年国家提出的农地流转政策,有利于促进农业标准化、规模化和集约化,最终实现农业的现代化。本部分从农地流转类型、不同规模农地流转情况上对样本农户农地流转进行横向对比,从时间上对样本农户农地流转进行纵向对比,以及从不同规模农户的生产经营情况全面分析样本区域农户农地流转及规模经营行为。具体分析如下:

1. 样本农户农地流转总体情况

调查样本农地流转情况如表 4-2 所示,2012 年参与农地流转的农户数为396 户,占总农户的 56.81%;其中转入户为 293 户,转出户为 134 户;2014 年和 2016 年农地流转户分别为 554 户和 482 户,分别占总农户比例为 53.32%和57.24%。总体来看,农地流转比例呈现不断下降的趋势,一方面说明随着农地流转政策的推动,国家政策的红利不断释放,农地流转增长率不断下降;另一方面可能的原因是随着服务外包程度的增加,小农户可以利用服务外包对劳动力的替代作用,从事农业生产经营,进而降低小农户的农地流转比例。

表 4-2 样本农户农地流转总体情况

单位:户、%

年份	未流转户		流转户		转入户		转出户		合计
	户数	占比	户数	占比	户数	占比	户数	占比	
2012	301	43.19	396	56.81	293	42.04	134	19.23	697
2014	485	46.68	554	53.32	269	25.89	367	35.32	1 039
2016	360	42.76	482	57.24	162	19.24	348	41.33	842

数据来源:根据课题组实地调研整理而得。

2. 不同规模农户农地流转情况对比

不同规模农户的农地流转情况如表 4-3 所示,分析可知,首先从流转类型上看,在未流转农户样本中,经营规模集中在 0~10 亩的农户最多,占所有未流转农户数比例在 85%左右,说明我国小规模经营局面还没有发生质的改变。其次,从经营规模上看,随着农户经营规模的增加,转入户占比越来越多,说明农地逐渐从小农户流向农地规模经营户手中,农地流转一定程度上促进了农业规模经营。最后,从时间层面上来看,随着时间的推移,20 亩及以

上的规模经营户的占比变化趋势不大，说明通过农地流转实现农业的规模化经营目标短时间内无法实现。

表 4 - 3　不同规模农户的农地流转情况对比

单位：亩、户

年份	规模	未流转户	转出户	转入户	农户数
	(0，5)	127	107	30	248
	[5，10)	130	16	97	235
	[10，15)	26	0	50	76
2012	[15，20)	9	6	29	41
	20 及以上	9	5	87	97
	合计	301	134	293	697
	(0，5)	232	271	28	515
	[5，10)	172	39	72	268
	[10，15)	46	15	44	94
2014	[15，20)	16	3	23	40
	20 及以上	19	39	102	122
	合计	485	367	269	1 039
	(0，5)	111	310	11	432
	[5，10)	146	33	27	206
	[10，15)	42	3	23	68
2016	[15，20)	14	3	18	33
	20 及以上	19	3	83	103
	合计	332	348	162	842

数据来源：根据课题组实地调研整理而得。

3. 不同规模农户的农业产出状况

由于本书是基于粮食主产省的样本分析，而小麦是该地区的代表性农作物，因此本书从小麦入手来分析其农业生产情况。从表 4 - 4 中可知，在 2012—2016 年所有样本中，粮食主产区小麦的户均经营规模为 1.092 公顷（16.385 亩），本书分别以单位产量和单位利润为土地生产率的衡量指标，在单位产量方面，小麦的亩均产量为 6 869.649 千克/公顷（915.953 斤*/亩），

---

　* 1 斤＝0.5 千克。

在单位利润方面，小麦的亩均利润达到 6 710.021 元/公顷。在成本方面，小麦的单位生产成本为 1.957 元/千克，耕地密集型为主的大部分农产品生产成本较高，其根本原因之一是中国种植业规模小、劳动力投入成本大。

表 4-4　不同经营规模农户的生产状况分析

经营规模	年份	面积（公顷）	单位产量（千克/公顷）	单位利润（元/公顷）	单位成本（元/公顷）
(0, 5)	2012—2016	0.190	6 740.626	5 546.822	2.188
[5, 10)	2012—2016	0.450	6 963.784	6 993.260	1.898
[10, 15)	2012—2016	0.754	6 783.364	7 042.038	1.816
[15, 20)	2012—2016	1.086	7 268.269	8 180.399	1.712
20 亩及以上	2012—2016	6.835	6 496.803	7 534.972	1.774
所有样本	2012	0.928	6 560.735	5 277.646	2.130
	2014	1.169	6 864.029	6 942.565	1.839
	2016	1.214	7 225.693	8 138.924	1.925
	2012—2016	1.092	6 869.649	6 710.021	1.957

数据来源：根据课题组实地调研整理而得。

在纵向年份对比中，相较于 2012 年、2014 年和 2016 年户均经营规模都有较大幅度的提高，其中小麦的户均经营规模从 2012 年的 0.928 公顷（13.913 亩）到 2016 年的 1.214 公顷（18.211 亩），增幅为 30.82%。这说明，随着农村农地流转市场的不断完善，逐渐增加的农户规模正在向农地适度经营规模的路径衍进。在土地生产率方面，小麦的单位产量和单位利润随着时间的推移整体上表现出了增加的趋势。在成本方面，2012 年小麦的亩均生产成本较高，在调研过程中发现，相较于 2014 年和 2016 年，农户在 2012 年的生产经营过程中投入较多的劳动力，导致 2012 年的亩均成本水平整体较高。随着时间的推移，农地流转的推进也加快了农村劳动力的转移，单位劳动力投入也表现出下降的趋势，但 2014 年和 2016 年小麦的单位生产成本仍表现出增长的趋势，说明农业生产要素价格的上涨已经逼高了粮食作物的单位生产成本水平。

横向对比不同规模农户的农作物生产状况，在单位产量和单位利润方面，当经营规模在 1～1.333 公顷时，小麦的单位产量和单位利润达到最高水平，单位产量和单位利润与农户经营规模之间呈现倒 U 形，即随着经营规模的增加，单位产量和单位利润先增加后降低，这说明农地经营具有一定的规模效应，并且存在一定的适度规模。同时，在亩均成本方面，随着经营规模的增加，小麦的单位成本呈现 U 形曲线，同样在 1～1.333 公顷时单位成本处于最低值，即单位成本会随着经营规模的增加先降低后升高，一定程度上实现了单位成本优势。总体来看，一定范围内的规模经营能实现粮食生产的"节本增效"。

4. 农业生产中的成本结构分析

表 4-5 描述了样本农户粮食生产过程中各生产要素投入量。从表中可知，在总样本中，各类生产要素投入从高到低依次为土地租金、肥料投入、机械租赁投入、劳动力投入、种子投入、农药投入和灌溉投入。从时间效应来看，由于 2012 年的劳动力投入明显偏高，因此保持了总体较高的亩均成本投入水平。从 2014 年和 2016 年的成本机构来看，小麦的亩均肥料投入量均在下降，而机械投入量和种子投入量都在增加。说明农户过度依赖化肥而提高产量的现象正在得到改善，同时在农业劳动力工资水平不断上涨的背景下，机械服务和优质种源对其他生产资料的替代效应逐渐增加。同时，从 2012—2016 年数据看，土地租金也在逐渐上升，说明农地流转的市场化程度和契约化程度不断增加，流转对象正在由亲戚、邻居向新兴农业经营主体转变。劳动力投入也在下降，说明随着时间的推移农户倾向于将更多的劳动从农业转移到比较效益高的务工中。由于灌溉投入和农药投入对当年的降雨量或温、湿度等自然环境的依赖程度较高，因此在不同年份间表现出波动性变化趋势。

表 4-5　样本农户的成本结构

单位：元/（千克·亩）

年份	肥料投入	农药投入	灌溉投入	机械服务	种子投入	其他投入	劳动力投入	自有机械	土地租金
2012	0.421	0.088	0.076	0.265	0.122	0.000	0.286	0.023	0.537
2014	0.345	0.070	0.044	0.288	0.135	0.001	0.187	0.034	0.703
2016	0.344	0.087	0.048	0.319	0.149	0.001	0.115	0.040	0.778
2012—2016	0.372	0.082	0.056	0.291	0.134	0.001	0.231	0.032	0.665

数据来源：根据课题组实地调研整理而得。

5. 不同农地类型农户的收入水平和收入结构分析

表 4-6 描述了不同农地流转类型农户的收入水平和收入结构情况。如表中所示，基于 2012—2016 年三年面板数据结果，从农户收入水平来看，转入户和转出户的家庭人均总收入对数分别为 10.085 和 9.751，均高于未流转农户的人均总收入对数 9.385，说明参与农地流转在一定程度上可以增加农户的

家庭收入水平。从农户收入结构来看，转入土地农户从农地流转中获得较高的农业经营收入，明显高于其他类型农户的农业经营收入水平，从而使其家庭总收入提高。转出土地农户利用其易获取非农就业机会的优势取得较高的非农务工收入水平，使其成为转出土地农户的主要收入来源。就财产性收入来说，转出土地农户具有较高水平，说明此类型农户物质资本比较丰裕，对土地的依赖性不强，同时加上出租土地的租金收入也一定程度上提高了转出土地农户的家庭总收入水平。需要指出的是，参与农地流转农户与未参与农地流转农户的初始资源禀赋不同，通过描述性统计简单对比农户家庭收入水平和收入结构无法避免其"样本选择"的偏差问题，需要利用模型对此结果进一步检验。

表 4 - 6　农户家庭收入水平和收入结构

单位：元

年份	农户类型	人均总收入	农业经营收入	非农务工收入	转移性收入	财产性收入
2012	未流转户	9.400	8.001	7.834	5.611	0.022
	转入户	9.894	9.115	6.360	5.119	0.683
	转出户	9.615	5.671	7.483	5.053	3.749
	所有样本	9.622	7.924	7.254	5.377	1.249
2014	未流转户	9.294	7.902	6.712	5.850	0.021
	转入户	10.204	9.297	6.324	5.588	1.621
	转出户	9.767	5.290	6.966	5.710	4.317
	所有样本	9.615	6.703	6.886	5.786	2.204
2016	未流转户	9.457	7.829	6.897	6.107	0.019
	转入户	10.311	9.423	6.560	5.848	1.942
	转出户	9.785	5.119	7.378	6.056	4.278
	所有样本	9.660	6.154	7.194	6.075	2.644
2012—2016	未流转户	9.385	7.914	7.178	5.847	0.015
	转入户	10.085	9.242	6.396	5.431	1.261
	转出户	9.751	5.271	7.238	5.767	4.524
	所有样本	9.632	6.927	7.111	5.746	2.032

数据来源：根据课题组实地调研整理而得。

注：表格中的数据为收入的对数值。

纵向对比时间趋势。从家庭收入水平来看，农地流转户家庭人均总收入随着时间的增加表现为逐渐增加的趋势。具体来看，转入户的人均总收入从2012 年的 9.894 到 2014 年的 10.204，然后到 2016 年的 10.311，而转出户的人均总收入也随着时间的变化从 9.615 到 9.767，然后到 9.785；而未流转户的人均总收入随着时间的变化没有表现出明显的趋势，均低于农地流转户，说明农地流转的收入效应也随着时间逐渐增加，且均高于未参与农地流转户。从家庭收入结构来看，转入户的农业经营收入仍然具有相对优势，随着时间的推移，产权制度的稳定性和农业机械化服务不断增加，农业生产表现出强劲的投资热情，进而带来农业经营收入的增加。在转移性收入、非农务工收入和财产性收入方面，转出户和转入户都没有表现出明显的时间趋势，具体的影响需要通过实证分析得到。

（二）农户农地流转过程中存在的问题

通过农地的流转和集中实现农业规模经营的一种选择，也被大多农户所接受。在一定时期内，农地流转解决了因家庭联产承包责任制带来的细碎化经营的问题，实现了一定的规模经济。但是随着农地流转政策的不断实施，农地流转政策红利不断释放，农地流转也存在一定的问题，难以在短时间内实现农业规模经营以及现代化。

（1）农地流转率增幅降低。自 1984 年中央 1 号文件首次倡导农地流转以来，国家相继推出了多项旨在促进农地流转的政策措施，但这一进程发展较为缓慢。到了 1990 年，全国范围内参与土地转包或转让的农户比例仅为 0.9%，涉及的耕地面积也只占到了 0.44%（农业农村部农村合作经济研究课题组，1991）。转折点出现在 2008 年，当时中共十七届三中全会通过《中共中央关于推进农村改革发展若干重大问题的决定》，标志着农地流转步入了一个新的发展阶段。2008 年，全国农地流转面积达到 1.09 亿亩，流转率为 8.84%，而到了 2016 年，这两个数字分别增长至 4.71 亿亩和 35.00%。尽管农地流转的规模在不断扩大，但从 2015 年开始，流转增速开始放缓，由 2014 年的 4.66%降至 2.94%，2016 年进一步降至 1.70%。从 2005 年至 2016 年，农地流转的发展经历了从缓慢增长到加速增长，再到增速放缓的阶段性变化，目前增速放缓的趋势日益明显。[①]

（2）农地流转以小规模为主。虽然农地流转在一定程度上解决了农地细碎化问题，但是由于面临较高的机会成本和交易成本，难以实现农地的大规模经营，农地流转多发生在亲戚、邻居等小农户之间，仍以小规模经营为主。根据国家第三次农业普查数据，截至 2016 年底，全国共有 2.3 亿户农户，其中

---

① 农业农村部合作经济研究课题组，1991. 中国农村土地承包经营制度及合作组织运行考察农业经济问题，（08）：33 - 40.

2.1亿户为农业经营户，平均每户承包8亩地。如表4-3所示，2012年、2014年到2016年的数据中，经营规模在10亩以下的农户分别为483户、783户和638户，分别占当年调研农户的69.3％、75.4％和75.8％，说明当前农户经营中小规模经营户仍有很大比例，农地流转仍以小规模为主。

从农户经营的耕地规模分布来看，2009年，耕种面积不足10亩的农户占到了总农户数的84.02％，而到了2015年，这一比例上升至85.74％，表明大多数农户的耕地规模依然较小。根据钱克明等（2014年）和林万龙（2017年）的研究，考虑到我国的国情和农业现状，未来我国农地经营的理想规模应该是户均几十亩。然而，截至2016年底，我国约有2.6亿农户的耕地面积不足50亩，约占农户总数的97％。小规模农户依旧是我国农业经营的主要力量，其现代化水平直接关系到我国农业现代化的整体进展。尽管自2008年以来，我国土地流转的速度有所加快，但这种流转多数是小农之间的土地耕种权转移，并未实质性地改变户均耕地规模偏小的现状，农业经营的分散化格局依然存在，土地流转在一定程度上导致了"小农复制"的现象。[1]

（3）农地流转程序操作不规范。农地流转市场是一个包含亲缘、人情在内的特殊市场，其衍生的非正式制度更具有约束力和有效性（邹宝玲和罗必良，2016）。中国农村形成的特殊亲缘关系会形成一定的社会网络，其对非正式契约具有显著影响（王祥玉等，2020）。因此，中国农地流转市场普遍存在非正式和短期化契约形式（王亚楠等，2015）。在产权不稳定时，土地流转主要发生在村组内部亲戚、邻居之间，尤其是高价值农地多流向与转出方有亲缘、地缘关系的人手中（孔祥智等，2020），不利于农地向生产经营能力强的新型农业经营主体流转，这对形成正式化的契约带来制约，因此在整个农地流转程序中存在很多不签合约或者签订短期合约的行为。

同时，有些农户即使签订合约，也表现出了很多不规范的操作。比如，在签订合约过程中，很少将合约中涉及的风险提前以条款的形式表示出来，仅对流转时间和流转价格进行一定的规定，而针对价格是否根据经济的发展或外在市场的变化而变化、合同是否随时终止、合同签订期限、对提前结束合同的违约行为约束等问题都难界定清楚，这将很容易在今后引发纠纷。课题组数据分析显示，按照农地流转期限是不是长期进行统计（其中，转出户流转期限的中位数为9年，即大于9年为长期；同理，转入期限大于5年的为长期），2016

---

① 钱克明，彭廷军，2014. 我国农户粮食生产适度规模的经济学分析. 农业经济问题，35（03）：4-7，110.

林万龙，2017. 农地经营规模：国际经验与中国的现实选择. 农业经济题，38（07）：33-42.

年流转农户中，转入户流转期限为长期的农户占比为 42.39%，而转出户流转期限为长期的农户为 44.97%，农地流转期限处于长期的农户均不到一半。在所有流转农户中，合同签订比例为 34.61%，其中能随时终止合同的比例为 58.72%，超过半数的合同可以随时终止，说明合同签订效力很低；从签订合同的对方主体类型来看，通过村集体或者农业企业等合同效力比较强的主体流转比例为 25.88%，说明农地流转仍多存在于小农户之间，新型农业经营主体参与程度较低，农地流转不规范程度较高。

（4）农地流转过程中"非农化"和"非粮化"现象严重。伴随着农地流转和农地确权政策的颁布实施，农地流转不断实现了农地的规模化经营，农地确权的实施更进一步促进农户对农业生产进行长期投资，有利于农业生产效率的提高。然而，农地流转政策的颁布同样对农业生产带来了一定的威胁和约束。农地流转政策的实施为农村引入了工商资本，会导致资本对资本的追逐，而农业又是一个比较效益低下的行业，因此在实际过程中有较多的农户或企业在流转入的土地上种植经济作物或者将土地变更为有更多利益的建设用地等，改变了耕地的类型，导致农地的非粮化和非农化。

在调研过程中，我们可以看到通过政府或者村集体等渠道流转的大规模土地用来种植农作物面积占比大概为 30%，比如在山东曹县一个流转 200 亩农地的农户，只有 30 亩左右用来种植小麦或玉米，其他更多用来种植桃树、梨树等果树。采访中发现农户最大的顾虑在于小麦和玉米的相对效益比较低，受自然环境影响更大，而种植果树不仅有相关技术可以引入，还有政府单位会给予一定的技术支持（政府单位可以较低价格或免费供应种苗）或者资金支持（生产资料的补贴，流转规模达到一定程度会给予补贴）；另一个原因是水果的市场价格是小麦、玉米的好几倍，能给农户带来更大的收益。同时，有些大规模经营户还用来种植牡丹等观赏花卉。在河南、安徽会有一些大规模经营户在流转农地上种植观赏树木、建蔬菜大棚等，也有些经营户就是为了得到国家补贴，流转后的土地处于撂荒的状态，降低了土地的利用率。有调查数据显示，中国流转耕地的非粮化率约为 27%，其非粮化现象在中国存在较为明显的南北差异、地区差异①。中国南方耕地的非粮化率可能更高，达到 40% 以上，可见我国在农地流转之后，农地的非粮化现象比较严重，这对我国的粮食安全将带来一定的威胁，如何实现农户增收和粮食安全双重目标仍是一个亟待解决的问题。

---

① 耕地为何"非粮化"？全国人大代表赵皖平：有三方面原因；http://baijiahao.biadu.com.

四、农户服务外包的发展现状和存在的问题

(一)农户服务外包发展现状

2015 年中央 1 号文件明确提出要加快构建新型农业经营体系，创新农地流转和规模经营方式，积极发展多种形式的适度规模经营。农业的规模化经营通常需要通过科学技术的进步来实现，管理模式的创新也是实现农业规模化经营的重要路径。"服务外包"是农业管理模式的重要创新，体现了社会化分工和规模化经营的特征，农业外包的发展有利于促进农业规模化经营的实现、推动农业生产率的提高甚至整个农业产业的发展（李寅秋，2014；陈超等，2012）。

1. 样本农户生产环节外包程度

为了更直观地看出农户对生产环节外包的选择程度，这里依据农户对生产环节个数简单加总表示农户生产环节外包程度。因为本书主要分析耕地、收割、播种和植保环节，因此 0 代表农户在农业生产过程中不采用服务外包，4 代表这 4 个生产环节均采用了服务外包。如表 4-7 所示，在小麦生产过程中有近 20% 的农户会不采用生产环节外包，而玉米生产过程中有更高比例的农户没有生产环节外包行为。可能的原因是，在调研过程中发现，粮食主产区农户的土地细碎化现象比较普遍，小块土地的外包成本比大块的外包成本更大，且更不容易获得外包服务，所以一定比例的农户可能是因为无法获得有效的外包服务导致没有采用服务外包行为。这在一定程度上说明服务外包的供给和需求也存在一定的偏差。

从生产环节外包程度上来说，有 64.86% 的农户会在小麦生产过程中选择 3 个环节进行外包，而玉米生产环节中有较多的农户选择 2 个环节外包，这说明小麦生产过程中的外包程度高于玉米生产的外包程度，因此在后面的实证分析中，本书会主要针对小麦生产环节的外包选择行为进行分析。可能的解释是，小麦比玉米有更多种植环节需要外包，比如在小麦生产过程中，需要多次的施肥和病虫害防治等行为，而玉米在生长周期只需要 1~2 次即可；另外，小麦是农户的基本口粮，而玉米有很大比例作为生产资料投入工业生产过程中，因而农户对小麦的生产过程会给以更多的投资，保障农户的口粮安全和生存需要。同时，有较少比例农户选择了全生产链外包，是因为在实际外包服务提供过程中，对植保环节地提供较少，农户很难选择到合适的服务外包供给主体，形成需求大于供给的局面。

表 4-7 样本农户生产环节外包程度

环节外包个数	0	1	2	3	4	合计
小麦	74	2	51	251	9	387
玉米	108	16	174	80	9	387

数据来源：根据调研数据整理得出。

同时，为了对应文中实证部分使用的生产环节外包程度的计算方式，如第五章节中式（5-6）和式（5-7），这里同时使用该公式计算的生产外包程度来表示。由上述可知，玉米的生产环节外包程度要明显低于小麦生产环节的外包程度，所以这里仅展示小麦的生产环节外包程度，如表 4-8 所示。

表 4-8 小麦种植户的生产环节外包程度情况

整体环节	耕地环节	收割环节	播种环节	植保环节
0.321	0.120	0.113	0.054	0.064

数据来源：根据调研数据整理得出。

如表 4-8 所示，小麦种植户的整体环节的服务外包程度为 0.321，耕地环节和收割环节的外包程度分别为 0.120 和 0.113，播种环节和植保环节的服务外包程度分别为 0.054 和 0.064，这说明耕地和收割环节的服务外包程度普遍高于播种和植保环节的外包程度。

2. 农户生产环节外包的需求意愿与选择行为

由上述分析可以发现，粮食主产区玉米的生产环节服务外包程度要明显低于小麦生产过程中的环节外包程度，因此本书将农业生产环节外包的领域具体到小麦种植领域。小麦的生产环节具体可分为耕地、播种、植保、灌溉、施肥、收割、干燥和储蓄等 8 个环节，但在实际操作过程中，灌溉、施肥、干燥和储蓄环节的外包程度很低，难以影响农户参与农地规模经营行为，因此，本书着重分析耕地、收割、播种和植保 4 个环节的服务外包行为。从表 4-9 可以发现，不同生产环节下，农户的外包需求意愿、外包选择行为各自之间存在明显的偏差，而同一环节下，农户的外包需求意愿和外包选择行为之间也存在明显的偏差。

由于不同生产环节对不同生产资料的需求不同，我们将不同生产环节分为劳动密集型环节和技术密集型环节，如耕地和收割环节为劳动密集型环节，播种和植保环节为技术密集型环节。由数据分析可知，整体上农户在劳动密集型生产环节中的外包需求意愿较强，而技术密集型生产环节的外包需求意愿相对较弱。具体来看，在小麦生产过程中，劳动密集型的耕地和收割环节，具有外包意愿的农户比例分别为82.69％和81.65％，略高于技术密集型的播种环节，但明显高于植保环节占比，后两者具有强烈外包意愿的农户比例分别为81.40％和59.43％。农户在劳动密集型生产环节实际选择外包的比例同样高于技术密集型生产环节。在耕地和收割环节，农户外包需求意愿与选择行为保持一致的比例分别高达92.50％和94.62％，而播种环节的这一比例为89.21％，病虫害防治等植保环节的比例仅为6.96％。

由上述分析可知，劳动密集型环节服务外包的需求意愿和选择行为在一定程度上可以达到一致，说明劳动密集型环节的外包技术已经发展到一定水平，可以基本满足农业生产需求；但是技术密集型环节在外包需求和行为方面明显存在一定的缺口，特别是植保环节的意愿和选择之间严重脱节，如何提高技术密集型环节的服务外包程度是制约小农经济向服务规模经济转变的关键。

表4-9 样本农户服务外包的需求和选择行为

生产环节	服务外包需求		服务外包选择	
	农户数	占比（％）	农户数	占比（％）
耕地环节	320	82.69	296	92.50
收割环节	316	81.65	299	94.62
播种环节	315	81.40	281	89.21
植保环节	230	59.43	16	6.96

数据来源：根据调研数据整理得出。

注：服务外包需求占比为有服务外包需求农户占总样本农户比例；服务外包选择占比为有外包行为的农户占有外包需求农户的比例。

3. 不同规模农户各生产环节服务外包程度差异

表4-10分析了不同规模农户各生产环节的服务外包程度差异。横向对比农户各生产环节外包程度差异，小麦生产过程中，耕地、收割和播种环节采用服务外包的比例均在70％～90％，处于较高水平，而植保环节的服务外包水平很低，几乎位于5％以下。说明不同环节的外包程度差异很大。正如前文所述，植保环节外包服务供给和需求差异较大，所以亟须加强技术密集型环节的服务外包技术水平。

纵向对比不同规模之间的外包程度差异，在耕地、收割和播种环节，经营规模在0～10亩时，各环节的外包程度都处于高位；当农地经营规模处于15亩及以上时，各生产环节的外包程度有所下降。这是由于在农户的经营规模不断增加的过程中，农户会逐渐增加对农业固定资产的投资，逐渐从购买外包服务向自己购买机械实现自给自足转变，完成对农业社会化服务从需求者到供给者之间的转换。此时，农户也完成了从小农向新型农业经营主体等规模性经营主体转变。而在植保环节，随着规模的增加，植保环节的外包程度没有明显的变化，这进一步证明了植保环节的服务外包供给主体不足，外包供给和需求之间的差异较大。

表 4 - 10　不同规模农户各生产环节服务外包程度差异

占比单位：户、亩、%

经营规模	耕地		收割		播种		植保		农户数
	农户数	占比	农户数	占比	农户数	占比	农户数	占比	
(0, 5)	69	84.15	73	89.02	66	80.49	1	1.22	82
[5, 10)	102	81.60	102	81.60	103	82.40	9	7.20	125
[10, 15)	17	77.27	17	77.27	17	77.27	1	4.55	22
[15, 20)	48	76.19	46	73.02	40	63.49	1	1.59	63
20 及以上	60	63.16	62	65.26	55	57.89	4	4.21	95
合计	296	76.49	300	77.52	281	72.61	16	4.13	387

数据来源：根据调研数据整理得出。

4. 不同环节外包与农业生产和农户收入情况

本书将整体生产环节分为耕地环节、播种环节、植保环节和收割环节四种不同的生产环节，并将耕地环节和收割环节归为劳动密集型环节，将播种环节和植保环节归为技术密集型环节，进而分析不同生产环节服务外包对农业生产和农户收入影响的异质性，分析结果见表 4 - 11 和表 4 - 12。

表 4 - 11　整体环节外包农户的农业生产和农户收入情况分析

变量	整体环节		劳动密集型		技术密集型	
	农户收入	农业生产	农户收入	农业生产	农户收入	农业生产
外包	18 878.32	919.68	18 709.03	919.72	18 477.51	931.22
未外包	17 698.00	874.40	17 713.14	874.82	17 578.89	869.05

数据来源：根据调研数据整理得出。农业生产用小麦的亩均产量表示，单位为斤/亩；农户收入用家庭人均纯收入表示，单位为元/（人·年），下表同。

从表 4 - 11 中可以看出，整体环节服务外包、劳动密集型和技术密集型环节服务外包农户的农业生产和农户收入均高于整体环节未外包的农户，说明生产环节服务外包有利于促进农业增产和农户增收。从表 4 - 12 中可以看出，不同环节服务外包均提高了农业生产率和农户收入水平，但不同环节服务外包对农业生产和农户收入的影响具有异质性。具体表现为，与其他环节的服务外包相比，植保环节服务外包对农业生产和农户收入的促进作用最大。

表 4 - 12 不同环节外包农户的农业生产和农户收入情况分析

变量	耕地环节		播种环节		植保环节		收割环节	
	农户收入	农业生产	农户收入	农业生产	农户收入	农业生产	农户收入	农业生产
外包	18 980.00	919.99	18 477.51	931.22	24 586.72	964.63	18 229.65	920.65
未外包	17 604.14	889.98	17 578.89	869.05	17 572.20	914.97	17 753.64	873.28

数据来源：根据调研数据整理得出。农业生产用小麦的亩均产量表示，单位为斤/亩；农户收入用家庭人均纯收入表示，单位为元/（人·年）。

（二）农户服务外包过程中存在的问题

农业现代化的过程，也是农业分工深化和专业化发展的过程，更是农业机械化和社会化服务组织发展过程。然而，中国仍是小农户分散经营模式，在农业规模化进程中，实现小农户与现代农业的衔接，就需要社会化服务组织发展到一定程度，能够满足小农户服务外包的有效需求，同时更应该积极提高社会化服务组织的专业化能力。但是，我国社会化服务组织的服务能力还存在一定的欠缺，主要表现在全产业链专业化服务力量薄弱、农业生产性服务业发展不均衡、面向小农户的服务组织体系不健全导致市场化农业服务供给面临专业化升级瓶颈。

（1）服务外包供给和需求脱节，全产业链专业化服务力量薄弱。随着农地规模经营的发展，也催生了社会化服务组织的出现和完善。家庭农场、规模种植户以及合作社、农业企业的出现必然伴随着对社会化服务组织的需求。然而，新型农业经营组织对社会化服务组织也是一个从需求到供给的过程，因为社会化服务组织需要较多的资本要素，这也制约着诸多新型农业经营组织，使其难以实现服务的供给，随着自身发展需求的增加，经营规模的发展和社会资本的积累，新型农业经营主体有能力也有需求将对服务外包的需求向供给转变。但是，我国仍是以小农为主的生产经营方式，小农户如何通过社会化服务转变农业生产方式是实现我国农业现代化的关键。

调研过程中发现，社会化服务组织对小农户的服务主要集中于某些环节，而在全生产链中的服务力量还比较薄弱。众所周知，农业生产具有季节性，且在中国也呈现了南北差异的局面。在小麦收割时期，中国就会出现一个特殊的现象，就是一些收割机械队出现从南向北的转移，完成整个收割环节的工作。北方农户对服务组织的需求呈现一定的波动性，如小麦种子成熟度较高时，没有合适的机械进行收割，就会导致部分小麦散落在土地里，降低小麦的产出率。在耕地和收割的环节大概率能满足农户的需求，但是播种和植保环节的服务组织较少，供给难以满足小农户的需求。播种环节虽然有些小机械可以代替人工，但服务供给程度无法与收割环节进行比较，同样会增加农户非农务工的机会成本；植保环节满足程度更低，因此，可以看出我国全产业链专业化力量还比较薄弱。

同时，农业社会化服务组织的供给也来源于需求。虽然新型农业经营主体的专业化服务需求强烈，且更需要产前产后和全产业链层面的服务。但是由于新型农业经营主体较少，难以形成大规模性的有效需求，难以刺激全产业链层面的专业化组织的发育，这就将导致现有需求难以刺激供给的发展，反过来导致供给难以满足需求的困境。这需要国家投入相应的资金、技术和政策市场鼓励社会化服务组织的发育，同时推进农业规模经营的形成，提高有效的市场容量，促进服务市场的发展。从不同农业生产环节来看，供给和需求也存在较大的差异，技术密集型环节的服务外包需求大于供给。与劳动密集型相比，技术密集型的服务外包对农业社会化服务水平发展的牵制作用更大。

（2）市场服务供给产业覆盖不均衡。农业种植不仅有粮食作物，还有经济作物或者其他特色的作物种类，目前的社会化服务市场提供的服务主要针对平原地区的大田作物，比如小麦、玉米和水稻的收割、耕地等环节，而针对经济作物或者其他特色作物的社会服务水平很低，难以满足部分农户对社会化服务的需求。即使在平原地区的大田作物，比如小麦和玉米的社会化服务水平也有差异，但经济作物等产业的现代化，对技术化、专业化和规模化的社会化服务组织的依赖程度更大。由于经济作物等专业化程度较高的作物对服务需求的特殊性和复杂性，市场难以形成足够的有效需求来支撑专业化服务组织的发展。同时，这些作物对服务组织的供给要求更为严格，需要更先进的技术和专业知识。因此，社会上难以形成专门针对经济作物的社会化服务组织，这种情况导致市场上服务供给的不均衡分布，进而在一定程度上限制了经济作物和特色作物现代化进程的顺利衔接。

（3）面向小农户的服务组织体系不健全。小农户仍是实现农业现代化的重要主体。与小农户相比，新型农业经营主体在面对社会化服务组织时的谈判能力更强，因其具有更大的规模性，所以以更多的资本和技术来吸引社会化服务组织为其提供服务。新型经营主体的规模化经营为服务组织提供了一定的市场容量，降低服务组织的成本，提高其工作效率，进一步提高其收益。对于小农户来说，小规模农户经营的土地规模小，细碎化程度高，面对强大的服务组织没有自己的话语权和谈判能力，小农户将面临生产成本增加的风险；而对于服务组织而言,同样由于小农户的规模小会增加其组织成本,导致服务组织给小农户服务的积极性不高,因此从小农户和服务组织之间的匹配度角度来看,小农户难以通过社会化服务组织达到提质增效的目的。所以,打破小农户与社会化服务组织之间的鸿沟才是将小农户通过服务规模经营融入现代化进程的关键。

化解小农户与社会化服务组织之间的矛盾,就是要不断提高小农户的组织化程度,将一定区域范围内小农户的服务需求集中连片,形成一定的市场容量,为社会化服务组织的介入提供基本前提,进而达到小农户降低生产成本和社会化服务组织降低其操作成本和组织成本的双赢局面。其中,村集体、合作社、农业企业和家庭农场等新型农业经营组织是连接小农户与服务组织的桥梁,如果这些新型农业经营组织发展不充分,则难以发挥其桥梁作用,不能有效实现小农户与专业化服务组织之间的对接。最后,要不断加强面向小农户的服务组织体系建设,提高其服务能力,将小农户纳入农业现代化轨道是发挥其社会责任的根本。

第三篇

3

行 为 篇

第五章　农户农地流转和服务外包行为的关联性分析

一、问题的提出

党的十九大提出"实现小农户和现代农业发展有机衔接"。中国是典型的以小农为主体的农业生产大国，有着 2.3 亿小农户，因此既能坚持小农主体地位，保障其基本利益，又能在此基础上实现新型经营主体的培育，是实现中国农业农村现代化的关键问题（宋洪远等，2020）。由于农村劳动力非农转移以及农业老龄化程度的不断加深，农村凋敝现象越发凸显，内生发展动力不足，原有的小规模、细碎化经营模式已经根深蒂固，因此，通过何种方式激发农业农村发展的内生动力，转变农业生产经营方式，是使农业焕发生机的关键，也是实现产业兴旺，实现乡村振兴的关键。

在理论上，学术界一直将"农地规模经营论"和"服务规模经营论"两者对立，分别独立进行研究。但在实践中，规模经营是农业走向现代化的关键途径。实现规模经营也是国家政策和地方实践一直所推崇的，同时随着农业科技的推广与应用，出现了农地规模经营和服务规模经营并存的现象。为什么理论和实践会出现相反的发展方向呢？土地和服务的规模经营真的是理论中只能独立存在的吗？因此关于两者关系的讨论是本节重点关注的问题，如将两者放在同一框架下展开讨论而不是独立出来应该更加符合中国农业规模经营现实状况，寻找农业经营方式转换的可能性空间和发展途径，从而更全面地把握农业经营方式转型的战略选择。从微观农户的行为选择角度来看，农业服务规模经营和农地规模经营分别对应用户的服务外包行为和农地流转行为，因此，我们将宏观层面的农业服务规模经营和农地规模经营的相互影响转化为农户两类行为选择之间的关联性进行实证研究。

目前对于两种经营方式关系的研究已经有较多的积累，但是两者之间的互动关系则很少有学者关注。现有研究中，有学者研究发现土地经营规模越大越会增加生产性服务的意愿和需求（王钊等，2015），还有学者认为两种规模经营之间可能存在倒 U 形关系，即土地经营规模逐渐增加，农户对生产性服务采用意愿呈现出先升后降的趋势，在土地经营面积达到一定规模时，对于农户而言选择自购农机成本更低，因此采用生产性服务的意愿会降低（胡新艳等，2015；陈昭玖和胡雯，2016）。对此洪炜杰等（2017）运用全国水稻种植户的微观调研数据进行验证，研究发现即使在土地经营面积达到一定规模时，农户会为了避免购买大型农机带来的沉没成本而继续选择租用农机生产性服务。对于服务经营规模影响土地经营规模的研究，学者们较少关注，且多数学者从农地转入的角度来分析服务外包市场对农地转入及其规模经营的影响（姜松等，2016；洪伟杰等，2019；杨子等，2019）。实际上，服务外包在本质上是一种替代劳动力的生产要素，随着劳动力成本的提高，服务外包的出现为农业生产规模经营提供了条件，进而又会引致农户作出土地流转相关决策。

本书结合现阶段外包市场的实际情况，分析服务外包对农地流转的影响；从上述分析得知，不同经营规模服务外包成本也有差别，因此本书还会讨论不同土地经营规模农户、服务外包市场的发育对其农地流转行为的异质性。其次，分析农地流转（农地经营规模）对服务外包行为的影响，对于不同经营规模的农户其资源禀赋有着较大的差别，对于选择服务外包的行为也会产生差异，因此需要进一步讨论经营规模对服务外包的异质性影响。

二、农地流转和服务外包关联性的理论分析

（1）服务外包对农地流转的影响。对规模经营农户来说，规模经营农户通过转入土地实现了农地规模经营，并且随着土地规模的扩大，其生产过程也越来越依赖于外包服务（王志刚等，2011）。随着经营规模的扩大，规模经营农户的劳动力禀赋常常难以满足农地规模经营的用工需求（朱文珏和罗必良，2016），作为劳动力的替代要素，服务外包可以提高农户对土地的需求（洪炜杰，2019）。除了缓解劳动力约束，服务外包还可以通过缓解规模经营农户的技术约束和资金约束，进而缓解其实现农地规模经营的约束，促进农地规模经营的发展（杨子等，2019）。由于农业机械较强的资产专用性，与自购农业机械相比，服务外包很好地降低了家庭经营成本，对农户自身扩大农地经营规模的意愿有较强的促进作用，改变其农地规模经营行为（姜松等，2016）。

对小规模经营农户来说，服务外包能够解决小农户对接大市场和机械替代人力畜力问题，促进小农户与现代农业有机衔接（冀名峰，2018）。小农户通过利用服务外包减轻自身农业劳动力的不足抑或是劳动力机会成本较高等问题，但是在这一过程中，生产性服务市场推动了服务外包的发展，进而形成服务规模经济（罗必良，2017）。小农户通过购买外包服务可以诱导纵向分工，实现外部化的"服务规模经济"，有效降低农户交易成本和投资约束（张露和罗必良，2018）。服务外包等生产性服务的发展，无疑是农业生产分工的一种

表现，成为农业生产中技术提供者，通过引入现代生产要素替代小农传统农业生产方式，推动小农户与现代农业有机衔接（罗必良，2020），进而在一定程度上促使小农户的土地需求增长，并且抑制其转出土地。

（2）农地流转对服务外包的影响。一般情况下，农户实现农业机械化生产会面临农机自购或者服务外包两种选择，但由于农户自身资源禀赋的差异使得农户在这两种选择中会有较大的差异，也会对农业不同生产环节采取差异化策略（王全忠和周宏，2019）。因此在研究两种规模经营的关系时，不能单纯地当作线性关系，不同土地经营规模的农户可能采取的服务外包策略是不同的。对于小规模经营农户，由于农业机械资产专用性较强，自购农机会形成沉没成本，且多数小农户并不具备自购农机的经济实力，相比之下选择成本较低的服务外包能缓解劳动力约束；只有当农户转入土地达到一定规模时，自购农机通过规模效应抵消其带来的沉没成本，农机利用率才会大幅提高，减少生产性服务的使用，进而在农业生产中盈利。对于农地转出户，多余的家庭劳动力会倾向于投入非农就业等具有比较优势的产业，在一定程度上农户会降低对农业服务外包的投入。转出户可能采用粗放化经营的方式进行农业经营，也可能仍采用服务外包的形式代替部分劳动力密集型的环节投入，但为了降低非农就业的机会成本，一定会比未流转农户或转入户投入的服务外包程度弱。

据此，提出如下研究假设：

假设5-1：服务外包可以通过缓解经营规模农户的劳动力约束、技术约束和资金约束，提高规模农户对土地的需求，促进农户转入土地；同时亦会促使小农户的土地需求增长，并且抑制其转出土地。

假设5-2：农地转入有利于促进服务外包的采用，而农地转出则不利于服务外包。

假设5-3：农地经营规模与服务外包呈倒U形曲线关系，拐点前，农地经营规模越大农户服务外包水平越高，越过拐点后随着农地经营规模的扩大农户服务外包水平将会降低。

三、农地流转和服务外包行为关联性的模型设定

（一）样本说明

本章基于连续跟踪法形成的10县623户农户的面板数据（包括2012年、2014年和2016年样本数据）来分析农户的农地流转和服务外包等参与农业规模经营行为的关联性。由于粮食主产区玉米的生产环节服务外包程度要明显低于小麦生产过程中的环节外包程度，因此将农业生产环节外包的领域具体到小

麦种植领域。同时由于 2013—2017 年有 68 户农户为全部转出户，没有种植小麦，因此使用 555 个小麦种植户的数据来分析农地流转和服务外包的关联性。分析样本特征可知，平均农地流转发生率为 55.52%，说明与全国水平相比，粮食主产区的农地流转比例已处于较高水平。分析样本农户特征可知，农户家庭人口均值为 4.1 人，户主平均年龄 54.77 岁，文化程度在初中及以下的农户比例达 86.46%，农村土地租金均价处于较高水平，为 408 元/（亩·年），但是最高租金水平已经达到 2 300 元/（亩·年），说明农地流转市场市场化程度差异很大，仍有较多的农户流转农地租金处于较低水平或处于无租金状态。家庭土地资源禀赋不足，户均承包地面积约 8 亩，人均不到 2 亩，且细碎化程度较高，平均土地块数为 2.67 块。

（二）模型设定

农地流转行为会推动农地的规模化经营，促使农户更多地使用农业机械服务，将农业生产环节服务外包出去，服务外包市场的形成反过来会影响农户参与农地规模经营行为，两者关系可能存在双向因果导致的内生性问题，同时，理论模型中可能未能涵盖同时对这两个因素产生影响的其他变量，这可能导致存在遗漏变量的情况，因此如果本章中的模型存在互为因果和遗漏变量导致的内生性问题，那么 OLS 估计极有可能会高估因果效应。对于以上可能的内生性问题，本研究使用动态面板模型，并将 FE-OLS 模型结果作为对比，以检验结果的稳健性。

1. 服务外包对农地流转行为的影响

构建如下计量经济模型分析服务外包对农地流转的影响。

$$LZ_{it} = \alpha_1 + \beta_1 \times OS_{0it} + \beta_2 \times OS_{0it} \times LZ_{it} + \gamma \times X_{it} + \lambda_i + \theta_t + \varepsilon_{it}$$

$$（5-1）$$

式（5-1）中的被解释变量 LZ_{it} 为第 i 个农户第 t 期的农地流转行为（主要包括是否转入、转入面积、是否转出和转出面积）。关键解释变量 OS_{0it} 为第 i 个农户第 t 期的服务外包情况，用整体环节外包服务水平表示。X_{it} 为一组影响农户农地行为的控制变量；为了控制省份差异，我们进一步控制了省份的个体效应 λ_i，同时控制了时间固定效应 θ_t，ε_{it} 是特异扰动项。

同时，为解决模型的内生性问题和滞后期的影响，采用动态面板模型，将被解释变量的滞后项纳入模型中，使得全部可观察到的效果与滞后项产生一定的关联，利用广义矩阵估计方法，以提高估计结果的准确性。因此将式（5-1）改为动态面板数据模型的形式，见式（5-2）。

$$LZ_{it} = \alpha_1 + \beta_0 LZ_{it-1} + \beta_1 OS_{0it} + \beta_2 OS_{0it} \times LZ_{it} + \beta_3 OS_{0it-1} + \gamma X_{it} + \lambda_i + \theta_t + \varepsilon_{it}$$

$$(5-2)$$

式（5－2）中，LZ_{it-1} 为第 i 个农户第 $t-1$ 期的农地流转行为；OS_{0it-1} 为第 i 个农户第 $t-1$ 期的服务外包情况，这里用自变量的滞后项作为工具变量来减少农地流转和服务外包的内生性问题。

2. 农地流转对农户服务外包行为的影响

构建如下计量经济模型分析农地流转对服务外包的影响。

$$OS_{0it} = \alpha_1 + \beta_1 LZ_{it} + \beta_2 OS_{0it} \times LZ_{it} + \gamma X_{it} + \lambda_i + \theta_t + \varepsilon_{it} \quad (5-3)$$

式（5－3）中，被解释变量 OS_{0it} 表示第 i 个农户第 t 期的整体环节外包服务水平。关键解释变量 LZ_{it} 为第 i 个农户第 t 期的农地流转行为。X_{it} 为一组影响农户农地流转行为的控制变量；省份个体效应为 λ_i，时间固定效应为 θ_t，随机扰动项为 ε_{it}。

同样为解决模型的内生性问题和滞后期的影响，采用动态面板模型，将被解释变量的滞后项纳入模型中，使得全部可观察到的效果与滞后项产生一定的关联，以提高估计结果的准确性。因此将式（5－3）改为动态面板数据模型的形式，见式（5－4）。

$$OS_{0it} = \alpha_1 + \beta_0 OS_{0it-1} + \beta_1 LZ_{it} + \beta_2 OS_{0it} \times LZ_{it} + \beta_3 LZ_{it-1} + \gamma X_{it} + \lambda_i + \theta_t + \varepsilon_{it}$$

$$(5-4)$$

3. 农地经营规模对服务外包行为的影响——基于经营规模的异质性

本部分将选取农户采用服务外包程度作为被解释变量，农地经营规模为核心自变量（李文明等，2015；邹伟和张晓媛，2019；曹铁毅等，2021）。由于农户经营规模与农户服务外包行为之间可能存在着非线性关系，因此在模型中加入农地经营规模平方项（倪国华和蔡昉，2015；胡新艳等，2018），通过其显著性判断非线性关系猜想是否成立，如式 5－5 所示：

$$OS_{0it} = \beta_0 + \beta_1 L_{it} + \beta_2 L_{it}^2 + \beta_3 X_{it} + \lambda_i + \theta_t + \mu \quad (5-5)$$

式（5－5）中，OS_{0it} 表示第 i 个农户第 t 年的服务外包程度，L_{it} 表示农户的农地经营面积，L_{it}^2 即为农户农地经营面积的平方，在回归时对该变量取对数。X_{it} 为控制变量，$\beta_0 \sim \beta_3$ 为待估参数，μ 是随机误差项。

4. 服务外包程度测量

本书对小麦生产环节外包程度的衡量借鉴陈超（2012）、张忠军等（2015）的方法，生产环节服务外包程度的计算公式如下：

$$OS_i = \sum_i \omega_i \frac{C_i}{I_i} \quad (5-6)$$

其中，OS 表示生产环节的外包程度；i 表示生产过程中的不同生产环节，包括耕地、收割、播种和植保（病虫害防治环节）四个环节；ω_i表示小麦的某个生产环节在整个过程中的重要程度。由于农业生产过程中各环节的产出值无法从中完全剥离，因此只能从投入环节入手分离各环节，拟采用第i个环节所支付的费用占所有生产环节总费用的比值来衡量不同生产环节的重要程度（陈超等，2012）。因此，上述公式可以进一步转化为：

$$OS_i = \sum_i \left(\frac{I_i}{I} \times \frac{C_i}{I_i} \right) = \sum_i \frac{C_i}{I} \qquad (5-7)$$

此式为计算生产环节外包程度的最终公式。其中，C_i表示外包第i个生产环节所支付的费用，I_i表示第i个生产环节所投入的总费用，I表示所有生产环节总费用。文中，OS_i中$i=0$，1，2，3，4，14，23分别表示总生产环节外包、耕地环节、播种环节、植保环节、收割环节、劳动密集型环节（耕地环节和收割环节）和技术密集型环节（播种环节和植保环节）。

（三）变量选择

（1）因变量。①农地流转：农地流转是农地规模经营的前提条件，农地流转包括农地转出和农地转入，因此，本章从农地是否转入（是＝1，否＝0）和是否转出（是＝1，否＝0）两个方面的农地流转决策来分析农户的农地流转行为。②服务外包：农户参与服务规模经营的方式是通过将生产环节服务外包实现的。从整体环节来看，耕地、收割、播种和植保环节中任一环节选择服务外包，则表示为服务外包＝1，否则＝0。

（2）控制变量。为避免其他因素产生干扰，我们选择4个控制变量组。第一组为种植决策者特征变量组，考虑到户主作为家庭主要决策者，选取户主性别和受教育程度。第二组为家庭特征变量组，包括家庭人数、家庭劳动力数量、家庭负担比、家庭人均纯收入以及人情支出占比。第三组为承包土地面积、细碎化程度、农业生产性固定资产以及是否加入合作经济组织。第四组为地区特征变量组，选取村庄经济发展水平、村庄地理位置、是否有新型农业经营组织、是否确权以及省份虚拟变量对不同地区外部环境因素进行控制。

四、农地流转和服务外包关联性的实证分析结果

（一）服务外包行为对农地流转的影响分析

1. 基准回归

本章分别基于固定效应模型和动态面板数据模型就农户农地流转和服务外包行为的关联性进行分析，结果见表5-1。在FE-OLS模型中，为了降低服

务外包和农地流转的内生性并分析出农户这两种参与规模经营行为的相关性，本章主要实证农户服务外包行为的滞后期对农地流转的影响以及农户农地流转行为的滞后期对服务外包的影响。在 SYS-GMM 模型中，同样加入了自变量的滞后项作为工具变量进行实证分析。可以看出，无论是固定效应模型还是动态面板数据模型，农户参与两种规模经营方式的关联性均表现为相同的趋势，说明实证结果具有稳健性。

如表 5-1 所示，在服务外包对农地流转的影响中，服务外包的滞后期对农户农地转入具有显著的正向影响，而对农地转出行为具有显著的负向影响，说明滞后一期的服务外包行为有利于促进农地转入，但会抑制农地转出。从边际系数来看，服务外包对农地转入行为的影响大于对农地转出的抑制作用，这说明服务外包的提高会增加农户对农地的需求，进而减少农户转出土地而增加农户转入土地。可能的原因是，服务外包的增加可以降低农地对劳动力的约束，降低小规模农户家庭非农务工的机会成本，进而降低小农户转出农地的意愿；同时服务外包会降低大规模经营对技术和资金的约束，进而促进大规模农户转入农地的需求，验证了假说 5-1。

基于上述分析可知，服务外包可以通过缓解农户的资本约束、劳动力约束和技术约束，引致农户对农地的需求，进一步促进农地流转及农地规模经营的形成。其中，为了降低服务成本并提高服务收入，服务供给主体往往会倾向于那些已经实现土地集中的农业经营主体，以便进行连片作业，这种行为反过来会推动类似的土地集中趋势，从而促进农地规模化经营的发展。因此，服务规模经营一定程度上依赖农地的规模集中，同时会反过来促进农地规模经营的实现。

表 5-1　服务外包对农地流转的影响分析

变量	FE-OLS		SYS-GMM	
	农地转入	农地转出	农地转入	农地转出
服务外包			0.510	−1.539***
			(1.110)	(−5.650)
服务外包（−1）	0.235***	−0.082***	0.296***	−0.083***
	(4.700)	(−2.220)	(2.780)	(−2.370)
农地转入				
农地转入（−1）			0.052**	
			(2.380)	
服务外包×农地转入	1.752***		2.200***	
	(27.800)		(3.110)	

（续）

变量	FE-OLS		SYS-GMM	
	农地转入	农地转出	农地转入	农地转出
农地转出				
农地转出 （－1）				－0.057 （－0.660）
服务外包×农地转出		－1.349*** （－19.630）		－2.255*** （－7.320）
其他变量	控制	控制	控制	控制

注：*** $P<0.01$，** $P<0.05$，* $P<0.1$；0.000 为保留了 3 位小数后产生的结果，而非 0；表格里汇报了系数和 t 值。

2. 基于经营规模的异质性分析

从上述分析可知，服务外包促进农地转入，抑制农地转出。从农地流转市场的角度来看，部分农户的转入必定以部分农户的转出为基础，整个农地流转市场中农地转入面积和农地转出面积应该是相等的。

如上文分析所述，服务外包市场通过技术替代来降低农户的生产成本，已有研究发现，农户的耕地经营规模越大越有利于节约生产成本，从而促进农户采用服务外包行为（王钊等，2015，炜洪杰等，2017）。这意味着，服务外包市场对不同农地承包规模农户的影响具有异质性。随着农地承包耕地面积逐渐增加，农户转出农地的倾向性越低越有利于转入农地，因此在服务外包市场发育的诱导下，容易出现"马太效应"，即大规模经营农户会倾向于继续扩大经营规模，小规模农户在土地流转市场的驱动下会减少经营规模甚至退出农业生产。因此，本部分针对不同承包规模农户的异质性进行分析，结果如表 5－2 所示。

从表 5－2 中可以看出，在家庭承包经营规模对农地流转行为的影响中，家庭承包规模对农地转入的影响虽然没有通过显著性检验但影响系数为正，对转出系数显著，但是方向为负，即经营规模与转出为负相关关系，经营规模越大越不利于转出。在家庭承包面积与服务外包程度的交互项中可以看出，交互项系数在农地转入行为中显著为正，在农地转出行为中显著为负，说明对于承包规模更大的农户而言，服务外包市场的发展对提高土地投入的激励更大，诱导农户土地转入行为；对小农户来说，服务外包可能更有利于农户转出土地而不利于转入农地。总体来看，服务外包对大规模农户转入土地的促进作用更大，而对小规模农户转出土地的促进作用更大，这与章丹等（2022）的结论一致。因此，进一步验证了假说5—1。

表5－2　基于经营规模的异质性分析

变量	是否转入		是否转出	
	系数	t 值	系数	t 值
服务外包（－1）	0.431***	4.540	−0.614***	−6.530
规模	0.001	0.060	−0.005*	−1.700
服务外包（－1）×规模	0.024***	3.430	−0.028***	−3.930
其他变量	控制		控制	
R^2	0.191		0.506	
F 值	13.770		59.690	

注：*** $P<0.01$，** $P<0.05$，* $P<0.1$；0.000 为保留了 3 位小数后产生的结果，而非 0；表格里汇报了系数和 t 值。

（二）农地流转行为对服务外包的影响分析

1. 基准回归

农业规模经营不仅是字面上的土地集中形成规模（韩俊，2019），还包含了生产性服务的规模经营在内的复合概念，农地规模经营和服务规模经营相辅相成（胡凌啸，2018；胡新艳等，2018），应得到同样的关注和重视（陈锡文，2016）。基于上述结果可知，服务外包会促进大规模农户转入农地，小规模农户转出农地，即服务外包有利于农地规模经营的实现。本部分主要分析两者的反向关系，以验证农地流转行为是否对服务外包同样具有促进作用。下文将分别实证农地转入行为和农地转出行为对农户服务外包行为的影响，实证结果如表5－3所示。

在农地流转行为对农户服务外包的影响中，农地转入变量的滞后期对农户服务外包行为具有显著的正向影响，而农地转出变量的滞后期对农户服务外包行为具有显著的负向影响。可能的原因是，农地转入户在农地经营规模不断扩大的过程中，为了弥补农业生产的劳动力约束，农户会增加对服务外包的依赖性，会显著促进服务外包程度的增加；农地转出户在农业生产上的投入较少，他们往往采取粗放式的经营方式。为了减少农业生产成本，这些农户倾向于不将生产环节外包，从而导致整体的农户生产环节外包率降低。从边际效应来看，农地转入对服务外包的促进作用大于农地转出变量对服务外包的抑制作用。农地转出户虽然会降低对生产环节服务外包的需求，但现有情况下，由于服务外包环节的可得性不断增强，农户为了降低其非农就业的机会成本，更愿

· 77 ·

意用将生产环节外包来替代家庭劳动力，因此农地转出对服务外包的负向作用要弱于农地转入对服务外包的促进作用，假设5-2得到验证。

综上所述，农地流转形成的规模经营为服务规模经营提供了较大的市场容量和较高的交易频率，为作为中间性市场的农机服务主体进入市场提供可能。即土地的区域集中及农户对服务外包的集体选择是服务规模经营实现的重要条件。

表5-3 农地流转对服务外包的影响分析

变量	FE-OLS		SYS-GMM	
	服务外包		服务外包	
服务外包 （－1）			0.337 *** (2.820)	0.112 *** (2.960)
农地转入			0.258 *** (3.000)	
农地转入 （－1）	0.034 *** (3.010)		0.120 *** (3.150)	
服务外包×农地转入	0.497 *** (11.100)		1.073 *** (4.650)	
农地转出				−0.322 *** (−5.570)
农地转出 （－1）	−0.029 *** (−3.420)			−0.032 * (−1.870)
服务外包×农地转出	−0.568 *** (−17.310)			−0.984 *** (−6.880)
其他变量	控制	控制	控制	控制

注：*** $P<0.01$，** $P<0.05$，* $P<0.1$；0.000 为保留了 3 位小数后产生的结果，而非 0；表格里汇报了系数和 t 值。

2. 基于经营规模的异质性分析

由于服务外包也会产生规模效应，农地经营规模越大对于农户成本降低程度越大，因此农地经营规模越大越倾向于服务外包（胡新艳等，2015；洪伟杰等，2017），不同经营规模的农户采用服务外包的决策也会产生差异。本部分将研究农地经营规模对农户服务外包行为的影响。同样，为了避免先验性的将模型假定为线性模型而带来的问题，引入农地经营规模的二次项（Lind 和

Mehlum，2010)。首先，如表 5 - 4 所示，农地经营规模的一次项系数为正，二次项系数为负，且均在 1% 的水平显著，为倒 U 形的形状；其次，从一次项和二次项的数据可知，抛物线在农地规模最小处斜率为正，在经营规模最大处斜率为负值，即农地经营规模在最小值时斜率为 0.005，经营规模在最大值时斜率为 -0.01，第二步检验通过；最后，样本取值范围内如果存在曲线拐点，经计算拐点为 42.495 亩，介于农地经营规模范围内，通过检验。此研究结论与皮婷婷（2021）的研究结论相似，两者存在倒 U 形关系。这说明，在一定的规模经营范围内，随着农地经营规模的增加会提高农户生产环节服务外包程度，但经营规模超过约 43 亩以后，农户会降低生产环节服务外包程度进而转为以自购机械实现农业生产的阶段。可能的原因是，随着农地经营规模的增加，农地流转交易成本增加，为了降低农业生产的交易成本，农户倾向于自购机械，这样不仅可以降低交易成本，农户还可以转为服务外包提供者，增加家庭中因提供服务外包收入实现农户的利润最大化目标。

表 5 - 4　基于农地经营规模的异质性分析

变量	服务外包	
	系数	t 值
经营规模	0.005 ***	2.810
经营规模的平方	-0.000 06 ***	-2.390
其他变量	控制	
常数项	0.355 ***	5.480
R^2	0.207	
F 值	15.960	

注：由于经营规模和经营规模的平方没有取对数，所以系数值会比较小，表格里汇报了系数和 t 值。

五、本章小结

对于中国农业转型问题，一种倾向于农地规模经营，另一种倾向于通过服务外包提高农业经营效率，实现服务规模经营。有研究提出，农地规模经营难以实现农业规模经营，农业规模经营方式创新的重要路径就是要从基于农地流转形成的农地规模经营向基于农业生产环节外包的服务规模经营转型（胡新艳等，2015）。基于本章研究，认为农地规模经营和服务规模经营两者相辅相成，共同发展。首先，服务外包市场的发育通过缓解家庭劳动力、资本和技术约束，从而引致了农户对农地投入的需求，促进农地流转实现农地的规模经营。

同时，通过农地流转对服务外包的选择同样具有显著的促进作用，即农地规模经营行为有利于服务规模经营的实现。因此，本章通过构建固定效应模型和动态面板 GMM 模型，并结合 2012—2016 年 555 户小麦种植户进行实证检验。研究的主要研究结论是：

（1）服务外包对农地流转行为的影响。基准回归结果显示，服务外包的滞后期对农户农地转入具有显著的正向影响，而对农地转出行为具有显著的负向影响，说明滞后一期的服务外包行为有利于促进农地转入，但会抑制农地转出。从边际系数来看，服务外包对农地转入行为的影响大于对农地转出的抑制作用。基于经营规模的异质性分析可知，服务外包对大规模农户转入土地的促进作用更大，而对小规模农户转出土地的促进作用更大。

（2）农地流转对农户服务外包行为的影响。基准结果显示，农地转入变量的滞后期对农户服务外包行为具有显著的正向影响，而农地转出变量的滞后期对农户服务外包行为具有显著的负向影响。从边际效应来看，农地转入对服务外包的促进作用大于农地转出变量对服务外包的抑制作用。基于经营规模的异质性分析可知，农地经营规模与服务外包呈现倒 U 形曲线，拐点为 42.495 亩，说明农地经营规模在一定范围内会先促进农户服务外包，超过一定规模以后，农户将从服务外包转向自购机械，完成从服务外包的需求者向服务外包供给者转变。

（3）基于上述分析可知，农户的农地流转和服务外包之间并不是非此即彼的对立关系，而是具有互相促进的两种实现农业规模经营的农户参与方式。即服务外包促进大规模农地转入和小规模农户农地转出，进而实现农地规模经营；而农户通过转入农地实现的规模经营在一定程度上也能促进农户服务外包行为的选择。

第六章　农户农地流转和服务外包行为的影响因素分析

一、农地流转和服务外包行为理论分析

农户是农业生产最重要的微观主体。传统经济学理论将小农户的生产经营活动分为三大类，第一类是"自给小农学派"，以恰亚诺夫为代表，主张小农户以满足自身需求为导向进行农业生产，注重农业投入与产出的均衡；第二类是"理性小农学派"，认为小农户的农业生产活动是理性的，追求资源配置效率的提高和理论最大化；第三类是"社会心理学派"，认为小农户对农业生产的经营是出于自我满足，实现自我价值的表现。总之，国内外学者认为，小农经济行为受到很多因素的影响，共同决定了其理性或非理性表现，以及经济目标或非经济目标的追求。

（1）农地流转行为理论分析框架。学术界对农地流转及规模经营问题进行了较为广泛的探讨和研究。一些学者从宏观定量角度分析了农村金融制度、农村户籍制度、农地流转制度、产权制度以及外部发展情况等对用户农地流转行为的影响及其对农地经营规模的认知（赵丙奇等，2011；Ma et al.，2013；钟甫宁，2016；王吉鹏等，2018）；一些学者从微观定量角度分析农户个体及家庭特征的影响（付振奇和陈淑云，2017），同时，生产要素市场发育情况（张忠明和钱文荣，2014）以及社会保障水平（闫小欢和霍学喜，2013）均会影响农户农地流转行为。

农户是具有异质性的，这类异质性不仅包括农户自身资源禀赋的不同与行为偏好的差异，更包含了农户在行为能力方面的差异。因此，我们将农户的行为能力分为行为能力较强和行为能力较弱的两类农户。在家庭联产承包责任制度下，具有行为能力优势的农户在农业经营上更有优势，均分的土地可能无法满足其自身能力的施展，因此具有更强烈的转入意愿和转入行为；同样，行为能力比较弱势的农户则会在自身能力范围外转出农地甚至退出农地经营，具有较强的转出意愿和行为。本章构建了农户农业经营能力的分析维度，农业生产经营不仅具有生产决策属性同时包括交易选择属性（杜晶，2006），主要从生产经营能力和交易能力两个角度来分析。每个人之间的能力是不同的（张维

迎，1995），对于具有经营能力差异的农户，必然导致其在农地规模化经营过程中行为的差异。因此，那些具有生产经营能力优势的农户倾向于转入农地扩大农地经营规模，尽可能匹配自身能力内的规模；而在农业方面比较优势较弱或能力足的农户倾向于将农地转出。

对于农业生产经营来说，农户的交易能力反映农户进入市场交易的能力，涉及服务市场和产品市场两个方面。服务市场主要体现在是否购买机械服务，而产品市场主要是指农户的农业销售收入情况，农业销售收入越多，参与农业产品市场的能力越强。同时，是否参与新型农业经营组织也是体现农户是否参与市场的一种表现，农户参与到合作社等新型农业经营组织能提高其与市场的谈判能力。因此，可以推断出，农户的交易经营能力越强，越有利于促进农地转入，不利于农地转出。

市场上，资源的配置是由非人格化的价格机制进行调节的。农地流转的价格反映了农地流转的市场化水平，有研究表明农地流转的市场化水平越高，越有利于促进农户参与农地流转，进而实现农地规模经营。因此，本研究认为农地流转租金同样是影响农地流转及其规模经营的关键变量。由此可得，农地流转市场化程度越高，越有利于促进农户参与农地流转。同时，本研究将农户个体特征、家庭特征、村庄特征以及外部制度层面的变量作为控制变量来探究其对农地流转的影响。

（2）服务外包行为理论分析框架。农业服务规模经营的微观农户表现为，农户将原本由家庭内部完成的部分生产活动通过服务外包的形式交给服务主体，而自己将付给服务主体一定费用的经济活动，此时农户就会变为服务外包的需求方，即参与到农业服务规模经营中。农户是否选择外包是验证社会化服务外包发育程度的关键，因此制约农户选择服务外包的因素亦是制约社会化服务组织更加完善的关键。

现有研究表明，户主特征、家庭经营特征等是影响农户是否选择外包的基本因素（王志刚等，2011；展进涛等，2016；段培等，2017；钱静斐等，2017），服务外包价格同样是影响农户是否外包的直接因素（申红芳等，2015）。此外，蔡荣和蔡书凯（2014）研究发现，服务外包环节的技术越高，制约性或风险性越强，越不利于农户选择服务外包，而家庭中足够的农业劳动力同样会抑制农户选择服务外包。在非农就业对农业生产服务外包的影响方面，非农就业对农业生产环节外包具有显著的促进作用（陆歧楠等，2017），非农就业通过增加家庭收入水平，促进农业投资，进一步促进服务外包水平（王建英等，2016）。

分工就意味着科斯交易成本的存在。对农业生产经营活动来说，当农户选择自己完成生产环节时，可以看作农户选择完全由家庭自我实施的合约，当农户选择服务外包的形式在市场上购买生产活动服务，则视农户选择纵向分离的外包模式。农户是否选择外包模式主要取决于交易成本的大小，可见，降低交易成本是推动农业纵向分工及其生产活动外包发展的重要途径。交易成本是由什么决定的呢？本研究沿用威廉姆森（1985）的研究并结合数据的可得性，将从可观测的资产专用性和规模性两个方面测度由交易成本形成的交易特性。

交易主体的行为能力同样影响农户参与分工。分工交易必然涉及主体的选择，因为生产活动外包决策归根结底是行为主体出于成本和利益考虑下的经济分工的结果选择。基于分工和比较优势理论，农户是否选择外包以及选择哪些环节外包，取决于农户的比较优势。有学者将比较优势具体分为个体间知识差异，但由知识差异所形成的比较优势的最终效应的发挥还要取决于外部环境条件。产权经济学认为分工实际上是主体间产权细分及其安排，产权分离达成个人知识与权力行使间的匹配，是发挥比较优势的有效途径。从这个角度看，归因到产权行为能力角度分析，能反映出比较优势发挥与外部环境间的互动关系，更具合理性（胡新艳，2013）。因此，本研究将从产权行使角度将行为能力具体化为农户的排他能力、交易能力和处置能力。

二、农地流转和服务外包行为影响因素的模型设定

（一）样本说明

本章节研究继续使用基于连续跟踪法形成的 10 县 623 户农户的面板数据（包括 2012 年、2014 年和 2016 年样本数据）来分析农户的农地流转和服务外包两种农户参与农业规模经营行为的影响因素。同时由于 2013—2017 年有 68 户农户为全部转出户，没有种植小麦，在研究农地流转的影响因素时，可以将没有种植小麦的农户视为农地转出户，因此本书将使用 623 户小麦种植户的数据分析农地流转的影响因素，而使用 555 户小麦种植户的数据来分析服务外包的影响因素。

（二）模型设定

针对面板数据的估计方法，首先可以对原假设进行 LR 检验，如果 LR 检验结果显示 P 值小于 0.05，说明原假设不成立，即存在个体效应，此时说明不适合使用混合回归；通过 Hauseman 检验是否采用固定效应模型，如果检验结果显示 P 值小于 0.05，则说明应该使用固定效应模型，否则使用随机效应

模型。

1. 面板 Logit 模型

在考虑农地流转和服务外包的影响因素时，构建如下模型：

$$y_{it}^* = \beta x_{it}' + u_i + \varepsilon_{it} \quad (i = 1, 2, \cdots, n; \ t = 1, 2 \cdots, T) \quad (6-1)$$

其中，y_{it}^* 为不可观测的潜变量，u_i 为个体效应，而解释变量 x_{it} 不含常数项。个体的选择规则为：

$$y_{it} = \begin{cases} 1 & \text{若} \ y_{it}^* > 0 \\ 0 & \text{若} \ y_{it}^* \ll 0 \end{cases}$$

给定 x_{it}、β 和 u_i，则有

$$\begin{aligned} P(y_{it} = 1 \mid x_{it}, \beta, u_i) &= P(y_{it}^* > 0 \mid x_{it}, \beta, u_i) \\ &= P(\beta x_{it}' + u_i + \varepsilon_{it} > 0 \mid x_{it}, \beta, u_i) \\ &= P(\varepsilon_{it} < \beta x_{it}' + u_i \mid x_{it}, \beta, u_i) \\ &= F(\beta x_{it}' + u_i) \end{aligned} \quad (6-2)$$

其中，$F(\cdot)$ 为 ε_{it} 的累积分布函数，并假设 ε_{it} 的密度函数关于原点对称。如果 ε_{it} 符合正态分布，则为 Probit 模型：

$$P(y_{it} = 1 \mid x_{it}, \beta, u_i) = \emptyset(\beta x_{it}' + u_i) \quad (6-3)$$

如果 ε_{it} 服从逻辑分布，则为 Logit 模型：

$$P(y_{it} = 1 \mid x_{it}, \beta, u_i) = \forall (\beta x_{it}' + u_i) = \frac{e^{x_{it}' + u_i}}{1 + e^{x_{it}' + u_i}} \quad (6-4)$$

因此，在实证模型中，模型表达如下：

$$f(y_{it}) = \ln \frac{P(y_{it})}{1 - P(y_{it})} = \beta x_{it}' + u_i + \varepsilon_{it} \quad (6-5)$$

考虑到省份之间的差异，模型可以设计为：

$$f(y_{it}) = \ln \frac{P(y_{it})}{1 - P(y_{it})} = \beta x_{it}' + \delta \vartheta_{it} + u_i + \varepsilon_{it} \quad (6-6)$$

在模型（6-6）中，y_{it} 为因变量，表示农户 i 在 t 年的农地流转决策行为，$P(y_{it})$ 为农户农地流转概率，x_{it}' 为农户特征变量，包括农户特征、家庭特征、村庄特征变量和自然条件变量。ϑ_{it} 表示不同省份之间的差异，ε_{it} 为残差项，u_i 为个体效应。

2. 面板 Tobit 模型

本章中从农户是否流转和农户流转面积来描述农地流转行为。在数据处理过程中可以发现，未发生流转的农户的流转面积为 0，这将导致因变量存在某些观察值被压缩到一个点上即 0 点上，即左归并为 0，可以使用面板 Tobit 模型进行拟合。因为无条件固定效应的 Tobit 模型是有偏的，我们通常考虑随机

效应模型，其中，随机效应 v_i 和 e_{it} 都是 iid ，服从正态分布且不相关。

因此，Tobit 模型如下：

$$Y_{it}^* = \beta x_{it}' + \delta \vartheta_{it} + u_i + \varepsilon_{it} \qquad (6-7)$$

$$Y_{it} = \begin{cases} 1 & 若 Y_{it}^* > 0 \\ 0 & 若 Y_{it}^* \ll 0 \end{cases}$$

其中，Y_{it}^* 为农户转入或转出面积，其他变量定义与 Logit 一样，本书中主要考虑面板 Tobit 的混合效应和随机效应。

（三）变量选择

（1）被解释变量。①农地流转行为：本书从农地流转决策的两个方面来分析农户的农地流转行为，其中包括是否流转（是否转入和是否转出，是＝1，否＝0）和流转面积（转入面积和转出面积）变量。②服务外包行为：整体环节来看，耕地、收割、播种和植保环节，任一环节选择服务外包，则表示为服务外包＝1，否则＝0；分环节来看，耕地和收割至少有一个环节外包，则劳动密集型环节外包＝1，否则＝0，同理，播种和植保环节至少有一个环节外包，则技术密集型环节外包＝1，否则＝0。

（2）核心解释变量。①在农户农地流转行为模型中，本书设计了农户在生产能力和交易能力两方面的能力指标来表示农户的经营能力。农户的生产能力包括三个维度，外在表现为单产水平、是否购买农机和农机价值三个变量。农户的交易经营能力包括两个维度，分别为农业销售收入总额和是否有合作社等新型组织。②在农户的服务外包行为模型中，主要从交易特性（资产专用性和规模性）和行为能力两个层面来分析其对农户服务外包行为的影响，并用可观测变量刻画了其交易特性和行为能力指标。其中，资产专用性包括地理、物质和人力资产专用性；规模性用农户土地经营规模、土地经营规模的平方以及农户是否参与合作组织来表示。农户的行为能力包括农户的排他能力、处置能力和交易能力，分别用农户是否为村干部、单产水平和农户农业销售收入总额来表示（罗必良等，2017）。农地流转价格和服务外包价格分别用农户所在村的农地流转平均价格和生产环节服务外包平均价格来表示。

（3）控制变量。本书选择户主年龄、家庭劳动力、村庄经济发展水平等指标表示农户自身资源禀赋，用外部环境指标来控制可能的遗漏变量对粮食生产的影响。除地区虚拟变量外，影响农地流转和服务外包行为的具体变量描述及统计性分析分别如表 6-1 和表 6-2 所示。

表 6-1　影响农地流转行为的主要变量描述及统计性分析

变量		变量定义	平均值	标准差
被解释变量				
农地流转行为	是否转入	转入=1，未转入=0	0.291	0.454
	是否转出	转出=1，未转出=0	0.446	0.497
	转入面积	转入农地面积，亩	11.208	66.897
	转出面积	转出农地面积，亩	1.959	3.917
核心解释变量				
生产经营能力	单产水平（对数）	小麦单位产量，斤/亩	2.859	6.201
	是否购买农机	是=1，否=0	0.540	0.498
	农机价值	家庭农业资产等价值，万元	1.141	5.752
交易经营能力	农业销售额（对数）	农业经营收入，元	6.927	3.466
	是否有合作组织	是=1，否=0	0.377	0.485
控制变量				
	户主年龄	岁	54.772	11.415
	土地块数	块	3.093	2.064
	劳动力人数	人	2.687	1.194
	非农就业	家庭非农总收入/家庭总收入，%	0.523	0.359
	农地流转价格	村级平均价格，元/亩	408.164	484.993
外部环境	交通情况	到最近商业中心的距离，千米	6.326	5.005
	经济状况（对数）	村级人均纯收入，万元	1.747	0.619

表 6-2　影响服务外包行为的主要变量描述及统计性分析

变量		变量定义	平均值	标准差
被解释变量				
服务外包行为	整体环节是否外包	是=1，否=0	0.738	0.440
	劳动密集型是否外包	是=1，否=0	1.394	0.874
	技术密集型是否外包	是=1，否=0	0.601	0.509
核心解释变量				
资产专用性	地理专用性	土地块数，块	3.093	2.064
	物资专用性	有无农机	0.540	0.498
	人力专用性	50岁以上老人占家庭总人口比例，%	0.312	0.262

（续）

	变量	变量定义	平均值	标准差
规模性	土地规模	亩	8.006	8.385
	土地规模平方	亩	134.560	456.182
	组织参与	是＝1，否＝0	0.081	0.273
行为能力	排他能力　家里是否有村干部	是＝1，否＝0	0.063	0.242
	处置能力　单产水平	小麦单位产量，斤/亩	2.859	6.201
	交易能力　农业销售额（对数）	农业经营收入，元	6.927	3.466
	是否有合作组织	是＝1，否＝0	0.377	0.485
控制变量	户主年龄	岁	54.772	11.415
	土地块数	块	3.093	2.064
	劳动力人数	人	2.687	1.194
	服务外包价格　整体环节服务外包平均价格		160.673	26.768
	劳动密集型环节服务外包平均价格		116.025	24.720
	技术密集型环节服务外包平均价格		44.719	10.517
	非农就业	家庭非农总收入/家庭总收入，%	0.523	0.359
外部环境	交通情况	到最近商业中心的距离，千米	6.326	5.005
	经济状况（对数）	村级人均纯收入，万元	1.747	0.619

三、农户农地流转行为的影响因素分析

中国现行农地制度框架下，农地规模经营需要依靠农地流转实现，即农户转入土地的行为逻辑决定了农地规模经营能否实现。然而，农户转入土地行为必须有一定的农户转出才逐渐形成土地的规模化经营，农地转出是农地转入的前提和条件，因此，为了形成全面且稳健的实证结果，本书基于农户转入和农地转出的双重视角考察农地规模经营的实现问题。本书从农地流转决策（是否转入和是否转出，是＝1，否＝0）和农地流转面积（转入面积和转出面积）两个方面来综合分析农户的农地流转行为。

1. 农地转入行为的影响因素分析

基于面板数据，本书使用面板 Logit 模型和面板 Tobit 模型对农户农地转入行为进行混合效应和随机效应回归，实证回归结果 Tobit 显示，混合效应模型与

随机效应模型的回归结果基本一致，下文将基于随机效应模型结果进行分析，这样的结果可以考虑不随时间变化对变量影响，逐步回归结果如表6-3所示。

表6-3 农户农地转入行为的回归分析结果

变量		是否转入			转入面积		
	农地流转租金	0.001***	0.002***	0.002***	0.030***	0.039***	0.040***
		(5.490)	(6.290)	(6.880)	(5.050)	(5.950)	(5.960)
生产经营能力	单产水平	0.033*	0.107***	0.099***	1.386***	0.304	0.163
		(1.910)	(4.060)	(3.410)	(3.100)	(0.540)	(0.260)
	是否购买农机	1.300***	0.398*	0.511**	38.562***	18.430***	17.345***
		(5.940)	(1.760)	(2.100)	(7.190)	(3.320)	(3.050)
	农机价值	0.373***	0.265***	0.243***	3.020***	2.545***	2.566***
		(5.870)	(4.450)	(3.680)	(8.810)	(7.590)	(7.670)
交易经营能力	农业收入		0.974***	1.141***		18.481***	18.821***
			(10.790)	(9.830)		(11.570)	(10.520)
	是否有合作组织		1.087***	0.380		41.273***	31.488***
			(3.710)	(1.200)		(4.710)	(3.520)
其他特征	户主年龄			-0.077***			-2.141***
				(-5.480)			(-6.200)
	家庭劳动力			0.458***			6.806**
				(4.010)			(2.390)
	土地块数			0.295***			6.550***
				(3.850)			(3.550)
	土地规模			0.070***			0.561**
				(3.790)			(2.340)
外部环境	非农比例			-1.002**			-24.950**
				(-2.470)			(-2.480)
	交通情况			-0.006			-0.725
				(-0.190)			(-1.080)
	村庄经济			0.280***			8.794***
				(2.990)			(3.480)
	常数项	-2.905***	-9.727***	-7.507***	-102.913***	-227.802***	-90.181***
		(-12.800)	(-11.730)	(-5.600)	(-15.180)	(-15.160)	(-3.180)
	样本量	623	623	623	623	623	623

注：***、**、*分别表示1%、5%和10%的显著性水平；0.000是保留三位小数的实证结果，下同；表格中括号里为t值，下同。

如表6-3所示，分析各变量对农地转入行为的影响可以得到如下结论。

（1）农地流转租金对农地转入行为的影响。本书将村级的流转租金平均价格作为市场化程度的代表标量。结果显示，农地流转租金对农户农地转入决策和转入面积均具有显著的正向影响。中国的普遍现象是，农户的流转对象多为同村的亲戚或邻居等有亲缘或地缘关系的人（陈和午等，2006），但随着中国农地流转市场的不断完善，农地租金的上涨代表农地流转的市场化程度不断提高，农地的地权稳定性也会进一步增强，有利于形成稳定的流转契约，增加大规模农户对农业的投资信心，农地流转后的营利空间会不断增加，因此租金的上涨并不会打消农地转入户的积极性。

（2）农户的行为能力对农地转入行为的影响。具体来看，农户的行为能力包括农户的生产经营能力和交易经营能力，从表6-3中可以看出，代表农户生产经营能力的单产水平、农机购买与否与农机价值对农地转入决策和农地转入面积均具有显著的正向影响，说明家庭农业固定资产的购买及农机价值越高，越有利于农业的生产经营活动的开展，有利于促进农户转入土地，降低农业的固定生产成本，有利于实现规模经济；同样农户单产水平越高，农户农业生产效率越高，其具有越大的动力去转入农地。同时，代表农户交易经营能力的农业收入额和合作组织指标均有利于促进农地转入行为，说明农户交易能力越强，其对市场的参与程度越高，越有利于农户提高农业收益，促进农户的转入行为。

（3）其他控制变量对农户转入行为的影响。户主年龄对农地转入行为具有显著的抑制作用。农户的年龄增加，会增加农户进行农业生产的难度，会促进农地转出土地而抑制农地转入。农户家庭土地规模对农户转入土地决策和转入土地面积均具有显著的正向影响，说明农户家庭土地面积越多，越有利于促进农户转入土地，实现土地的规模化经营，提高土地利用效率。同样，家庭土地块数对土地转入决策具有显著的正向影响，说明家庭地块越多越有利于促进土地的转入，可能的原因是，由家庭地块数对农户转出决策的影响可知，家庭地块越多越不容易将土地转出，农户在不易转出的情况下，可能会增加其转入土地实现农地规模经营的意愿，或者通过置换土地减少细碎化进而降低农地经营成本的意愿。家庭非农就业对农地转入具有显著的负向影响，说明家庭农户在非农就业方面具有优势，则在农业生产过程中不具有比较优势，因此不利于农业生产进而抑制农地转入。

（4）外部环境变量对农地转入行为的影响。村庄经济情况在转入模型中都通过了显著性检验，并且影响系数为正。说明村庄经济情况越好越有利于盘活当地的农业经济，刺激当地流转市场发育，带动农户积极参与到农地流转市场中，促进农户转入土地，增加农地经营规模。

2. 农地转出行为的影响因素分析

基于长期面板数据，本书运用面板 Logit 和面板 Tobit 模型进行混合效应和随机效应回归分别对农地是否转出和转出面积的影响因素进行回归，同样这里只展示随机效应模型结果，逐步回归结果如表 6-4 所示。

表 6-4　农户农地转出行为的回归分析结果

变量		是否转出			转出面积		
	农地流转租金	0.043***	0.005***	0.005***	0.004***	0.005***	0.006***
		(15.700)	(14.540)	(14.520)	(9.950)	(14.280)	(14.740)
生产经营能力	单产水平	−0.192***	−0.089***	−0.035	−0.414***	−0.140***	0.015
		(−13.500)	(−5.040)	(−1.590)	(−13.980)	(−3.580)	(0.380)
	农机价值	−0.048**	−0.071***	−0.042***	−0.075**	−0.114***	−0.101***
		(−2.450)	(−3.050)	(−2.670)	(−2.170)	(−3.390)	(−3.300)
	是否购买农机	−1.132***	−0.497***	−0.347*	−2.857***	−1.223***	−1.274***
		(−7.370)	(−2.920)	(−1.750)	(−7.210)	(−2.990)	(−3.180)
交易经营能力	农业收入		−0.336***	−0.396***		−0.704***	−0.734***
			(−8.570)	(−7.600)		(−9.990)	(−9.830)
	是否有合作组织		1.121***	0.422*		2.789***	2.304***
			(5.670)	(1.900)		(4.980)	(4.220)
其他特征	户主年龄			0.041***			0.054***
				(4.490)			(2.780)
	家庭劳动力			−0.162*			−0.166
				(−1.820)			(−1.000)
	土地块数			−0.084			−0.266**
				(−1.450)			(−2.260)
	土地规模			−0.020*			−0.194***
				(−1.650)			(−6.560)
	非农比例			0.175			0.572
				(0.540)			(0.950)
外部环境	交通情况			0.127***			0.246***
				(5.830)			(5.720)
	村庄经济			0.075**			0.489**
				(2.490)			(2.200)
	常数项	0.813***	2.532***	−2.564***	−0.142	2.291***	−8.088***
		(6.650)	(8.280)	(−3.280)	(−0.400)	(4.220)	(−5.190)

注：***、**、* 分别表示 1%、5% 和 10% 的显著性水平。

　　（1）农地流转对农地转出行为的影响。结果显示，农地流转租金对农户农地转出行为具有显著的正向影响。在农地流转租金不断上涨过程中，农地的社会保障功能会逐渐下降，农地流转租金对农户带来的转移性收入效应增加。因此，农户更倾向于将农地转出，释放更多的农村劳动力转移到非农部门，提高家庭总体收入水平。

　　（2）农户的行为能力对农地转出行为的影响。具体来看，农户的行为能力包括农户的生产经营能力和交易经营能力，从表6-4中可以看出，代表农户生产经营能力的单产水平、农机购买与否与农机价值对农地转出决策和转出面积均具有显著的负向影响。说明家庭不购买农业固定资产或购买的农机价值越低，越不利于农业生产经营活动的开展，因此有利于促进农地转出；同样农户单产水平越低，越说明农户是农业生产比较优势较低的农户，其可能将更多劳动力投入更有优势的非农产业，而没有动力去经营农地，因此会将农地转出甚至退出农业经营。同时，代表农户交易经营能力的农业收入额和合作组织指标均有不利于促进农地转出行为，说明农户交易能力越强，其对市场的参与程度越高，越有利于农户提高农业收益，促进农户的转入行为，抑制农地转出。

　　（3）其他控制变量对农户转出行为的影响。户主年龄对农地转出行为具有显著的促进作用。农户的年龄增加，会增加农户进行农业生产难度，会促进农地转出土地而抑制农地转入。家庭劳动力人数对农地转出决策和转出面积均具有显著的抑制作用。这说明家庭劳动力人数越多，对农业生产投入的农村劳动力就越多，家庭内就可以完成农业的生产，不需要将农地流转出去，这不仅可以增加农地的口粮保障，还可以降低农地转出的风险。农户家庭土地规模和土地块数对农户转出土地决策均具有显著的负向影响，并且土地块数对转出土地面积同样具有显著的负向影响，说明家庭规模越大，土地块数越多越不利于农地的转出。可能的原因是，面对规模小效益低的农业生产，农地的社会保障功能降低，小规模农户比较倾向于将农地流转出去释放家庭劳动力投入更多的非农工作中，进而提高家庭总收入；家庭地块越多说明单位地块的土地面积越小，对有转入意愿的农户来说，流转小面积的土地的意愿很小，导致有转出意愿的农户的土地很难流转出去，转出土地面积也会随之下降。

　　（4）外部环境变量对农地转出行为的影响。村庄交通情况对农户转出土地均具有显著的正向影响，这说明距离商业中心距离越远越有利于促进农地的转出。因为距离商业中心距离越远，农业的商品化率越低，因此农业的比较效益也越低，就提高了农户转出土地意愿。村庄经济情况在转出模型中也通过了显著性检验，说明村庄经济情况越好越有利于促进农户参与农地流转市场。可能的原因是，在调研过程中发现，在粮食主产区样本区域的人均承包面积是相差不大的。村庄经济状况越好，村民就业机会就会增加，越有利于农户的农地流转。因此，经济状况越好的村庄土地转出发生率越高。

四、农户服务外包行为的影响因素分析

1. 整体环节服务外包行为的影响因素分析

基于面板数据，本书使用面板 Logit 模型对农户整体环节服务外包选择行为进行混合效应和随机效应回归，实证结果如表 6-5 所示。下文将基于随机效应模型结果进行分析。

如表 6-5 所示，分析各变量对农户整体环节外包选择行为的影响可以得到如下结论。

表 6-5　农户整体环节外包选择行为的回归估计结果

变量		整体环节外包					
		系数	t 值	系数	t 值	系数	t 值
整体环节服务外包平均价格		−0.012***	−3.940	−0.017***	−4.610	−0.018***	−3.890
资产专用性	地理专用性	−0.260***	−4.190	−0.273***	−3.690	−0.021	−0.240
	物资专用性	−1.807***	−9.390	−0.305	−1.230	−0.415	−1.300
	人力专用性	1.342***	4.180	0.505	1.180	0.152	0.280
规模性	土地规模	0.067***	2.660	0.238***	6.950	0.084*	1.880
	规模平方	−0.000	−0.460	−0.002***	−3.190	−0.001	−0.800
	组织参与	1.838***	5.990	2.132***	5.780	0.271	0.520
排他能力	是否村干部			0.494	1.010	−0.269	−0.480
处置能力	单产水平			0.843***	13.580	1.121***	10.670
交易能力	农业收入			2.105***	7.170	0.647*	1.820
	是否有合作组织					0.067**	2.150
家庭特征	户主年龄					0.028**	2.060
	家庭劳动力					0.384***	2.740
	非农就业					1.767***	3.530
	农机价值					−0.020	−0.880
外部环境	交通情况					0.123***	5.560
	村庄经济情况					3.671***	8.500
常数项		3.005***	5.290	0.896	1.290	1.796	1.330

注：***、**、*分别表示 1%、5% 和 10% 的显著性水平。

（1）服务外包平均价格对整体环节服务外包行为的影响。服务外包的平均价格对整体环节的外包具有显著的抑制作用。说明随着农业生产环节服务外包价格的提高，农业的生产成本也会随之增加，此时农户可能会为了降低农业生产成本选择粗放化经营农业或者利用空余时间将农业活动自己经营，而不是选择将农业生产环节外包给服务供给主体。

（2）交易特性对整体环节服务外包行为的影响。本书中农户的交易特性使用资产专用性和规模性来表示，从逐步回归结果来看，农户的资产专用性越弱，农户越倾向于选择服务外包；规模性越大，越有利于促进农户服务外包，反之，农户越倾向于将农业生产环节"内置"。具体来看，农户的土地细碎化程度越低，农户没有农机的可能性越高，老龄化程度越高，越有利于促进农户采用服务外包。可能的原因是，农户参与服务外包的前提是服务外包主体对服务的提供，而其前提就是要具备农地规模性；同时，农机是对劳动力的替代，投资农机的农户，为最大限度地使用物资资产的作业功能，倾向于农户家庭经营内所有生产环节中最大化利用农机，而缺乏劳动力和农机，则会选择服务外包；老龄化对劳动力的投入较弱，因此更倾向于服务外包。土地规模和组织规模对服务外包均具有显著的正向影响，而土地规模的平方对其具有负向影响，表明农户经营规模与服务外包存在倒 U 形关系。另外，农户参与组织，使得集体谈判力增强，并减少单个农户的外包频率，有利于降低交易成本。

（3）行为能力对整体环节服务外包的影响。从模型中可以看出，农户的处置能力和交易能力对服务外包具有显著的正向影响，而排他能力在模型中没有通过显著性检验。这表明，农户农业生产的处置能力越强，对资源配置的决策能力和评价能力越强，在外包交易谈判过程中具有比较优势，对权益分享的选择空间大，将激励服务外包行为。

（4）其他控制变量对整体环节服务外包的影响。户主年龄对整体环节服务外包有显著的正向影响。这可能是因为户主年龄越大，越缺乏农业能力，很难自己完成所有的生产环节，故生产环节外包的可能性增加。家庭劳动力和家庭非农就业对服务外包具有显著的正向影响，这说明家庭劳动力可以通过非农就业提高家庭收入，进而可以通过"收入效应"加大农户对农业的投资，进一步促进农业生产环节服务外包。

（5）外部环境对整体环节服务外包行为的影响。交通条件、村级收入水平对农业生产环节外包具有显著的促进作用，这是因为现阶段农户的收入来源多依赖于非农务工收入，外出务工比例越高，家庭农业劳动力越显不足；同时收入水平越高，越有利于农户增加其对农业的投资，因此经济水平较高的农村通过选择服务外包不仅可以弥补农业劳动力生产的不足同时可以通过收入效应增加农业投资，进而提高农业生产效率。交通条件越便利，越有利于促进农户进行非农就业，进而促进农业生产服务外包。

2. 不同环节服务外包行为的影响因素分析

由于不同生产环节对不同生产资料的需求不同，本书将不同生产环节分为劳动密集型环节（耕地和收割环节）和技术密集型环节（播种和植保环节），实证结果如表6-6所示。

表6-6　农户不同环节外包选择行为的回归估计结果

变量		劳动密集型环节外包			技术密集型环节外包		
分环节服务外包平均价格		-0.005**	-0.004	-0.004	-0.004	0.003	0.005
		(-2.290)	(-1.290)	(-1.570)	(-0.870)	(0.470)	(0.880)
资产专用性	地理专用性	-0.206***	-0.093*	-0.076	-0.218***	-0.131***	-0.092**
		(-4.570)	(-1.920)	(-1.520)	(-5.410)	(-3.270)	(-2.250)
	物资专用性	-1.322***	-0.592***	-0.563***	-0.641***	-0.088	-0.055
		(-10.070)	(-3.510)	(-3.230)	(-5.600)	(-0.690)	(-0.420)
	人力专用性	0.614***	0.006	0.030	0.431**	0.023	0.027
		(2.750)	(0.020)	(0.110)	(2.070)	(0.110)	(0.120)
规模性	土地规模	0.064***	0.054***	0.046**	0.051***	0.052***	0.030
		(3.950)	(2.760)	(2.310)	(3.210)	(2.740)	(1.510)
	规模平方	-0.000	-0.000	-0.000	-0.000*	-0.001**	-0.001
		(-1.290)	(-1.120)	(-1.010)	(-1.690)	(-1.910)	(-1.360)
	是否参与合作组织	0.455	0.588**	0.780***	0.906***	0.088	0.305
		(2.110)	(2.420)	(2.720)	(4.370)	(0.390)	(1.200)
排他能力	是否有村干部		0.110	0.060		-0.119	-0.149
			(0.360)	(0.200)		(-0.520)	(-0.650)
处置能力	单产水平		0.404***	0.375***		0.342***	0.292***
			(15.410)	(12.740)		(13.230)	(10.340)
交易能力	农业收入		0.059**	0.076**		0.013	0.041
			(2.300)	(2.530)		(0.520)	(1.400)
	是否有合作组织		0.287*	0.211		0.605***	0.385***
			(1.880)	(1.300)		(4.940)	(2.950)

（续）

变量		劳动密集型环节外包			技术密集型环节外包		
其他变量	户主年龄		0.010				−0.006
			(1.590)				(−1.090)
	家庭劳动力		0.053				−0.008
			(0.740)				(−0.140)
	非农就业		0.076				0.019
			(0.300)				(0.090)
	农机价值		0.023				−0.002
			(1.230)				(−0.220)
外部环境	交通情况		0.078***				0.067***
			(4.680)				(5.098)
	村庄经济情况		0.324**				0.659***
			(2.180)				(4.930)
	常数项	1.314	−0.630	−0.729	0.259	−1.310***	−0.024
		(3.990)	(−1.650)	(−1.160)	(0.960)	(−4.280)	(−0.050)

注：***、**、*分别表示1%、5%和10%的显著性水平。

（1）服务外包平均价格对分环节服务外包行为的影响。服务外包平均价格对劳动密集型环节具有显著的负向影响，而对技术密集型环节没有显著的影响。可能的原因是，劳动力密集型环节的生产投入成本较高，而技术密集型的播种和植保环节的平均投入成本较低，对农户经济水平几乎没有要求，因此对技术密集型环节不会产生影响。

（2）交易特性对分环节服务外包行为的影响。本书中农户的交易特性使用资产专用性和规模性来表示，从逐步回归结果来看，除家庭老龄化变量外，农户的资产专用性越弱，农户越倾向于选择服务外包；规模性越大，越有利于促进农户服务外包，反之，农户越倾向于将农业生产环节"内置"。具体来看，同整体环节外包一致，土地细碎化程度越低，农户农机价值越低，老龄化程度越高越有利于促进农户采用服务外包，可能的原因是，农机是对劳动力的替代，投资农机的农户为最大限度地使用物资资产的作业功能，倾向于农户家庭经营内所有生产环节中最大化利用农机，而缺乏劳动力和农机，则会选择服务外包；老龄化对劳动力的投入较弱，因此更倾向于服务外包。在技术密集环节外包模型中，土地规模对服务外包均具有显著的正向影响，而土地规模的平方具有负向影响，表明农户经营规模与服务外包存在倒U形关系。

（3）行为能力对分环节服务外包的影响。从模型中可以看出，同整体环节外包一致，农户的处置能力和交易能力对劳动密集型环节和技术密集型环节服务外包具有显著的正向影响，而排他能力在两个模型中均没有通过显著性检验。说明排他能力在服务外包选择过程中可发挥的空间有限。

（4）其他控制变量对分环节服务外包的影响。户主年龄、家庭劳动力、非农就业和农机价值在各模型中均没有通过显著性检验。

（5）外部环境对分环节服务外包行为的影响。交通条件、村级收入水平对农业生产环节外包具有显著的促进作用，这是因为交通条件越便利，农户进行非农就业的机会成本越低，农业劳动力越少，农户将选择服务外包来弥补家庭劳动力的不足，因此有利于促进农业生产服务外包。同理，村级经济水平越高，村集体服务供给主体谈判能力越强，农户农业生产对技术的使用能力越强，越有利于促进农户选择服务外包行为。

五、本章小结

本章节研究继续使用基于连续跟踪法形成的 10 县 623 户农户的面板数据（包括 2012 年、2014 年和 2016 年样本数据）来分析农户的农地流转和服务外包两种农户参与农业规模经营行为的影响因素，实证模型为面板 Logit 和面板 Tobit，实证结果如下。

（1）农户农地流转行为的主要影响因素。①农地流转租金对农地转入和转出行为均具有显著的正向影响。结果显示，农地流转租金不仅可以促进农户的转入，同时可以促进农户的转出。②农户的行为能力有利于促进农地转入行为，而抑制农地转出。农户的行为能力包括农户的生产经营能力和交易经营能力，代表农户生产经营能力的单产水平、农机购买与否与农机价值对农地转入行为均具有显著的正向影响，对农地转出行为具有显著的负向影响。同时，代表农户交易经营能力的农业收入额和合作组织指标对农地转入和转出分别为正向和负向影响，说明农户交易能力越强，其对市场的参与程度越高，越有利于农户提高农业收益，促进农户的转入行为，抑制农地转出。③其他控制变量对农户流转行为的影响。户主年龄有利于促进农地转出而抑制农地转入行为。农户家庭土地规模对农户转入土地决策和转入土地面积均具有显著的正向影响。家庭非农就业对农地转入具有显著的负向影响，对农地转出具有显著的促进作用，说明家庭农户在非农就业方面具有优势，则在农业生产过程中不具有比较优势，因此越不利于农业生产进而抑制农地转入。④外部环境变量对农地转入行为的影响。村庄经济情况在转入和转出模型中都通过了显著性检验，并且影响系数为正。说明村庄经济情况越好越有利于盘活当地的农业经济，刺激当地流转市场发育，促进农地规模化经营。

（2）农户生产环节服务外包的影响因素。①服务外包平均价格对服务外包行为的影响。服务外包的平均价格对各环节的外包均具有显著的抑制作用。说明随着农业生产环节服务外包价格的提高，农业的生产成本也会随之增加，此时农户可能会为了降低农业生产成本降低服务外包概率。②交易特性对整体环节服务外包行为的影响。本书中农户的交易特性使用资产专用性和规模性来表示，农户的资产专用性越弱，农户越倾向于选择服务外包；规模性越大，越有利于促进农户服务外包，反之，农户越倾向于将农业生产环节"内置"。土地规模和组织规模对服务外包均具有显著的正向影响，而土地规模的平方具有负向影响，表明农户经营规模与服务外包存在倒 U 形关系。另外，农户参与组织，使得集体谈判力增强，并减少单个农户的外包频率，有利于降低交易成本。③行为能力对各环节服务外包的影响。从模型中可以看出，农户的处置能力和交易能力对服务外包具有显著的正向影响，而排他能力在模型中没有通过显著性检验。④外部环境对整体环节服务外包行为的影响。交通条件、村级收入水平对农业生产环节外包具有显著的促进作用，这是因为现阶段农户的收入来源多依赖于非农务工收入，外出务工比例越高，家庭农业劳动力越显不足；同时收入水平越高，越有利于农户增加其对农业的投资，因此经济水平较高的农村通过选择服务外包不仅可以弥补农业劳动力生产的不足同时可以通过收入效应增加农业投资，进而提高农业生产效率。交通条件越便利，越有利于促进农户进行非农就业，进而促进农业生产服务外包。

第四篇

效 应 篇

第七章　农地流转对农业生产和农户收入的影响效应分析

一、问题的提出

近年来，推进土地流转、实现土地规模经营成为中国农业改革的重要内容。据农业农村部统计，截至 2020 年底，全国家庭承包耕地流转面积已经超过 5.55 亿亩[①]。但是，土地流转并没有彻底扭转中国以小农户为基本面的农业经济格局（钟真等，2020），小户型分散经营仍然是我国农业管理的主要方式，只有 1.5％的家庭经营农地面积超过 50 亩。随着非农就业工资的快速增长，大量农村劳动力向城镇转移，导致农业劳动力减少。从 2005 年至 2019 年，农业从业人员减少了 5 800 万人，农业劳动力比例下降了 11％。中国的农地经营方式正在向适度扩张的阶段过渡[②]。2021 年，中国粮食生产实现"十六连丰"。然而，中国粮食生产陷入"地板"上升与"天花板"下降的困境，这对未来中国粮食的发展提出了新的要求，既要促进农业增效，也要降低农业生产成本，即要实现农业的"节本增效"。

随着改革的深入和社会变迁，土地细碎化经营、经济效益低下等问题导致农民收入增长缓慢并出现了不稳定和非持续态势（许庆等，2011；李实等，2011）。从农民收入结构来看，非农务工收入和转移性收入逐渐代替家庭经营性收入和财产性收入，成为农民收入的主要组成部分；从农民收入差距来看，中国农村居民基尼系数从 1978 年的 0.22 到 2011 年的 0.39（杨子，2017），农村居民内部差距明显扩大。从长期来看，我国农民持续稳定增长的收入随着制度变迁的改革红利不断释放已表现出后劲不足的态势。2018 年农村工作会议强调了实施乡村振兴战略，走质量兴农之路，而乡村振兴的关键就是要不断深化农村土地制度改革，实现农民富裕。

我们不禁要思考，在农村土地制度改革以及农地流转背景下，农地流转及

[①]　http://www.moa.gov.cn/govpublic/FZJHS/202011/t20201104_6355740.htm。

[②]　资料来源：中国农业面临危机：农业劳动力正在减少；数据显示：千亿资本涌入生鲜新零售农产品［EB/OL］. https://www.sohu.com/a/333895476_379553，2019-08-15。

其规模经营与土地生产率和生产成本究竟是什么样的关系？农民收入能否实现显著增长？农地流转是不是一条新的使农民收入进一步增长路径？这就需要通过长期面板实地调研数据来回答这些问题。现有研究中，首先，很少有研究能通过面板数据来捕捉政策带来的长期效果；其次，大多数现有研究没有充分考虑农民在农业生产中的决策过程，其目的是使家庭或个人利益最大化；最后，以往的研究未能把握农地流转及其经营规模对农业生产和农户收入影响的时期变化。农地流转对农户收入的影响是否会随着新政策的出台以及市场的逐步完善发生变化，这些新变化对指导中国未来农业政策的方向有何意义？为了寻找这些问题的答案，本书根据 2013 年至 2017 年华北平原 3 省 10 县的微观调查数据，利用面板数据固定效应模型分析农地规模经营对农业生产和农户收入的影响，以及这些影响随时间的变化，并试图解释时期变化的原因。

二、农地流转对农业生产和农户收入影响的理论分析

（1）农地流转对农业生产的影响。Otsuka 等（2016b）在考虑劳动力和机械替代关系的基础上总结了农地流转对土地生产率的影响。考虑劳动力的发展阶段，当农业劳动力的工资较低时，农业生产应该考虑使用农业自身劳动力来进行经营；考虑到劳动力的较高交易成本和监管成本，一些大规模农户可能将节约劳动力的机械工具用于农业生产。如果农地流转市场不存在或不完善，大规模经营户难以实现将剩余无效耕作的农地有效地流转给小农户，此时规模经营户会由于无效的土地导致整体生产效率的低下，因此农地经营规模越大越会降低土地生产率，呈现负相关的关系。然而，随着城镇化和工业经济的发展，农村劳动力实现从农业工作向非农工作的转移。且随着相对劳动力价格与机械价格的持续上涨（Wang，Yamauchi and Huang，2016），如果此时仍没有相对有效的农地流转市场，小农户则难以通过购买机械来实现对劳动力的替代，小农户的状态则处于无效状态，而大农户随着经济的发展可以实现农业机械化，进而提高农业生产效率，则此时应该表现为规模经营户的农业生产效率高于小农户的农业生产效率，呈现正相关的关系。

2000 年以来，我国农业生产环境发生了巨大变化，中国的农业优惠政策也相继出台。在农资市场的支持下，农村机械租赁市场发展良好，涌现出大量专业机械经营服务人员（合作社、公司）（Yang et al.，2013），农村土地承包经营权出让市场逐步上升。在我国目前的农业生产环境中，小农户也可以依靠社会化、市场化的机械服务来减少农业劳动力投入，从而达到与大农户一样的农业生产效率。根据以上的分析可知，农业生产环境的变化、各生产要素市场的变化以及城镇化过程均会影响农地经营规模与成本收益。假设以下理想状

态，农户的主要收入来源于农业，要素市场环境发育得都比较完善，流转的土地无质量之差，在这种情境下如果农户在规模经营的过程中由于规模经济带来的成本节约大于投入的经营成本，那么扩大农地经营规模不仅有利于节约成本，而且有利于单位产出。这种情况大多发生在一些主要从事农业经营的粮食生产大户。然而，专业化和规模化程度较高的新型农业经营主体的占比较低，小农经营仍是中国的基本国情，小农的生活来源也不仅限于农业，甚至农业收入占比也越来越小，农户的兼业化现象比较严重。因此，在这样的背景下，农户会将有限的劳动力优先投入非农产业，获得更高的家庭收入，而在农业生产方面投入将会降低，进而导致产量下降。

当然，随着外界环境的不断变好，农业利好政策的不断颁布，高标准基本农田的不断建设，农业的发展条件不断改善，农地经营规模对农业生产的投入产出也会表现出时期差异。同时，农地流转对农业生产也会产生直接的影响。较早的一些研究认为，农地流转会产生"拉平效应"（姚洋，2000），即土地会从生产率低的农户转移至生产率高的农户，从而实现土地资源配置的帕累托改进（冒佩华和徐骥，2015）。大规模农户不仅可以通过降低土地细碎化提高农业生产效率，还有足够的能力应对自然灾害，提高土地、劳动力和资本等资源配置效率，进一步促进农业生产率。因此，笔者提出以下假设：

假设7-1：在小规模分散经营格局未获根本改变情形下，农户通过农地流转导致的经营规模增加将不利于单产提高，但规模增加将有利于成本规模经济。

假设7-2：随着粮食生产支持政策和农地流转利好政策的出台，农村要素市场的逐步完善，农户耕地经营规模对粮食单产的负向影响会随着时间推移而减弱；但由于农业劳动力大量外出，农业工资率上涨、机械化服务和土地租赁价格上升，预计农户农地经营规模对粮食生产成本的负向影响也会随着时间推移而减弱。

假设7-3：农地转入通过实现农地的适度规模进而实现农业"节本增效"。

（2）农地流转对农户收入的影响。农户的农业生产决策过程虽然是多目标的，但是追求家庭或个人收入最大化仍是其最大目标（刘莹和黄季焜，2010）。因此，农户是否选择流转还要取决于农地流转行为是否能显著提高家庭收入水平。在决策过程中，农户将综合分析个体特征、个人偏好、家庭资源禀赋以及市场风险等内外部环境对其预期收入的影响。在农业方面素质较高，具有丰富经验或者在非农领域缺乏相应资源和技能的农户会综合考虑自身禀赋选择转入土地扩大农业生产，实现农地的规模化经营；而在农业生产不具备优势但在非农领域积累较多技能的农户会经过理性的权衡选择将农地转向非农经济，实现灵活就业。因此，通过农地流转可以促进农地资源的有效配置，从而使得参与流转的双方都能实现家庭收入最大化的目标。

农地流转是中国农业转型背景下农村基本经济制度的重要制度创新，其作为一种新的土地资源配置市场调节机制已得到迅速推广，对提高农业生产效率和农户福利水平具有重要作用。同时考虑到农户的异质性，将农户家庭分为3种类型：高生产效率、中等生产效率和低生产效率。在农地流转发生时，转入土地的农户可以通过规模化耕种土地，使农地的生产和管理变得更加高效，获得更高水平的农业经营性收入，并且还可能获得相关的补贴以及奖励，家庭总收入水平将因此得到提高；转出土地的农户将从农业生产中解放出来，将家庭劳动力从农业部门转移到非农部门，进而获得更高的非农收入，由于非农部门的比较效益高，同时转出土地农户还可以获取一定的租金收入，因此家庭总收入水平将得到提高；中等生产效率水平的农户家庭不参与任何农地流转活动，其家庭绝对收入水平保持不变。可见，参与农地流转市场的农户可以通过不同的收入增长路径来改善家庭收入结构，进而提高农户家庭的总收入水平。

根据上述分析，本部分提出了2个研究假说：

假设7-4：农地流转提高了农户家庭的总体收入水平。

假设7-5：不同流转类型农户的收入增长路径不同。转入户通过增加农业经营收入和转移性收入来提高家庭总收入水平；转出户通过增加非农务工收入和财产性收入来提高家庭总收入水平。

三、农地流转对农业生产和农户收入影响的模型设定

（一）样本说明

本章节基于连续跟踪法形成的10县623户农户的面板数据（包括2012年、2014年和2016年样本数据）来分析农地流转对土地生产率和生产成本的影响，以及农地流转对农户收入的影响。需要说明的是，2013—2017年有68户农户为全部转出户，没有种植小麦，因此本研究包括555个小麦种植户，本章节选用固定效应模型来消除一定的内生性问题。

（二）模型设定

1. 农地流转对农业生产的影响

根据生产力构成要素理论可知，土地生产率与劳动者、劳动要素和劳动

对象等因素密切相关，各生产要素的配置效率会对粮食的土地生产率和生产成本产生一定的影响。对农户来说，农地流转是农户扩大农地经营规模的主要手段，农地流转和农地流转后的农户经营规模均会对农业生产产生影响，因此本书从农地流转本身和农地流转后的农地经营规模两个方面来分析农地流转对农业生产的影响，为找到适度的经营规模提供一定的理论基础。

参照研究农地经营规模与土地生产率的相关文献（Barren et al.，2010；王建英等，2015），本书用亩均产量和亩均利润这两个指标作为土地生产率的代理变量，分别考察其与农地流转后农户经营规模之间的关系。亩均利润为以小麦的出售价格（Ali and Deininger，2014）衡量的亩均产值减去购买的农药、种子、化肥、机械（包括自由机械投入的折旧和机械租赁服务费用）、劳动力[①]、土地租金等生产资料投入支出。其中，基于各年统计年鉴数据以及农户样本数据可以计算得出劳动力日工资、机械价格和土地租赁价格，具体数据如表 7 - 1 所示。

表 7 - 1　2012 年、2014 年及 2016 年劳动日工资、机械服务和土地租赁价格

单位：元/天

变量	种类	2012	2014	2016
劳动日工资 （元/天）	山东	37.175	38.215	44.133
	河南	20.554	28.518	33.280
	安徽	29.351	38.855	48.911

数据来源：劳动日工资根据样本省各年统计年鉴数据计算得出。

（1）农户的投入产出模型。参照 Assuncao、Braido（2007）和 Rada（2015）等的研究方法，本书基于农户利润最大化目标构建生产函数：

$$\max \pi = P_{it}y_{it} - w_{it}x_{it} \tag{7-1}$$

$$\text{s. t. } y_{it} = f(x_{it}, \theta_{it}, \delta_{it}) \tag{7-2}$$

公式中，y_{it} 代表 i 农户 t 年的粮食产量，x_{it} 为 i 农户 t 年的各生产要素投入向量，θ_{it} 代表"农户、时间"特定要素向量，δ_{it} 代表自然禀赋随时间而变化的向量。假设在 t 年时农户 i 面临的投入要素价格向量为 w_{it}，t 年的小麦的

---

① 在此，劳动力成本包括家庭用工折价和雇工费用两部分。根据《全国农产品成本收益资料汇编》（国家发展和改革委员会价格司，2005）附录一中对家庭用工折价的定义的解释以及农产品成本核算办法来计算劳动力家庭用工折价，其中核算方法为：某年家庭劳动日工价＝本地上年农村居民人均纯收入×（本地上年乡村人口数÷本地上年乡村从业人员数）÷全年劳动天数（365 天）。

销售价格为 P_{it}[①]。

农户的要素需求函数可以通过公式（7-1）和公式（7-2）求得，即：

$$x_{it}^* = D(P_{it}, w_{it}, \theta_{it}, \delta_{it}) \qquad (7-3)$$

将这些要素需求函数带入公式（7-2）中，可得到以下模型，即式（7-4）：

$$y_{it}^* = s(P_{it}, w_{it}, \theta_{it}, \delta_{it}) \qquad (7-4)$$

接下来，假设土地要素作为一个固定投入要素：

$$\max \pi^V = P_{it} y_{it} - w_{it} x_{it} \qquad (7-5)$$

$$\text{s. t. } y_{it} = f(\overline{S}_{it}, x_{it}, \theta_{it}, \delta_{it}) \qquad (7-6)$$

这里 π^V 代表农户利润，S_{it} 是农户 i 在 t 年的粮食种植面积。

基于公式（7-5）和公式（7-6），可得：

$$X_{it}^* = D(S_{it}, P_{it}, w_{it}, \theta_{it}, \delta_{it}) \qquad (7-7)$$

将这些要素需求函数代入公式（7-5）和公式（7-6）中，可得到农户的产出和利润函数如下：

$$y_{it}^* = s(S_{it}, P_{it}, w_{it}, \theta_{it}, \delta_{it}) \qquad (7-8)$$

$$\pi_{it}^* = p(S_{it}, P_{it}, w_{it}, \theta_{it}, \delta_{it}) \qquad (7-9)$$

为检验农户农地流转后的经营规模对土地生产率和成本的影响，反映出农业生产要素随着农户经营规模的变化而进行的调整性的投入，需要对农户经营规模与土地生产率和成本之间进行无偏（至少一致）估计。同时，为了遵守"既定要素不变"的经济计量假定，本书没有将这些内生性的投入本身包括在估计模型中。

为了在土地生产率和农地经营规模之间获得最优结果，模型中将包括土地经营规模的一次项和平方项，具体经济计量模型设定如下[②]：

$$\ln(G_{it}/S_{it}) = \beta_0 + \beta_1 \ln(S_{it}) + \beta_2 [\ln(S_{it})]^2 + \beta_3 M_j \ln(S_{it}) + \\ z_1 D_t + \gamma \theta_{it} + \varphi \delta_{it} + a_i + \mu_{it} \qquad (7-10)$$

其中，G_{it} 代表 i 农户在 t 年时的粮食产量（y_{it}^*）和利润（π_{it}^*），S_{it} 为农作物经营规模，D_t 为时间虚拟变量向量。用 $M_j \ln(S_{it})$ 表示不同的土地经营规模 M_j 和农作物实际种植面积的自然对数 $\ln(S_{it})$[③]的交互项。其中，M_j 是虚拟变量，表示农户经营规模的不同范围。借鉴邵晓梅（2004）、辛良杰等（2009）和

---

① 假设农民处于完全竞争的市场环境中，同一地区农民面临的要素投入价格和粮食产出价格之间的差异很小，因此假定价格仅随时间不同而变化。

② 借鉴 MaCurdy 和 Pencavel（1986）的研究，在单位产出、平均成本、单位利润和耕地面积取对数之前，我们先将原始值加上 0.001，然后取对数，以避免非随机移除 0 观测值对模型结果的影响。

③ S_{it} 和 M_j 的区别是，农户经营规模虚拟变量 M_j 是从总样本出发，把所有样本农户的经营面积分为不同的经营规模范围；而 S_{it} 是指某农户的农作物实际种植面积。

范红忠、周启良（2014）等研究的做法，结合样本区农户的户均土地经营面积，把小麦的经营规模分为 0～0.333 公顷、0.333～0.667 公顷、0.667～1 公顷、1～1.333 公顷和 1.333 公顷及以上，分别用 M_1、M_2、M_3、M_4、M_5 表示。当农户的某种农作物种植面积在上述某一区间内时，表示这一区间的虚拟变量 M_j 的值取 1，而表示其他区间的虚拟变量 M_j 的值为 0，其中，以 0～0.333 公顷为控制组。$\beta_0 \sim \beta_3$、φ、z_1 和 γ 为待估参数（向量），a_i 表示不随时间变化的不可观测的农户个体异质性。μ_{it} 为随机误差项，满足独立同分布序列（iid）。

为了考察农户经营规模与土地生产率和生产成本关系的跨时期结构变动情况，增加时间虚拟变量与规模交互项 $D_t \times \ln(\delta_{it})$，得到如下公式（7-11）：

$$\ln(G_{it}/S_{it}) = \beta_0 + \beta_1 \ln(S_{it}) + \beta_2 [\ln(S_{it})]^2 + \beta_3 M_j \ln(S_{it}) + Z_1 D_t +$$
$$Z_2 D_t \times \ln(S_{it}) + \gamma \theta_{it} + \varphi \delta_{it} + a_i + \mu_{it} \tag{7-11}$$

农地流转通过将低效利用或废弃的农地转到有经验的农民手中进行统一管理，有利于实现规模经营，提高土地生产率。为检验农地流转行为对粮食生产"节本增效"的影响，用 in 来代表转入土地行为，用 out 来代表转出土地行为。当农户转入土地时，in 的值为 1，否则为 0；当农户转出土地时，out 的值为 1，否则为 0。

（2）生产成本模型。标准对数成本函数测量模型如下：

$$\ln TC_{it} = \beta_0 + \rho \ln y_{it} + \beta_1 \ln S_{it} + \beta_2 [\ln(S_{it})]^2 + \alpha \ln w_{it} + \gamma \theta_{it} + \varphi \delta_{it} + a_i + \mu_{it} \tag{7-12}$$

其中，TC_{it} 代表农户生产成本总额。总成本取决于粮食产出、价格和其他影响农业生产的因素。其他变量的含义与上述相同。

如前所述，要素价格在农户的水平上，甚至在地区水平上是相同的，它们将包括在农户的固定效应中，不需要列在固定效应模型中①。此外，农户经营规模和产出高度相关，这将阻碍两个系数的识别（如增加两个系数的方差）。因此，将采用以下平均成本模型的形式：

$$\ln AC_{it} = \beta_0 + \beta_1 \ln(S_{it}) + \beta_2 (\ln(S_{it}))^2 + \beta_3 M_j \ln(S_{it}) +$$
$$z_1 D_t + z_2 D_t \times \ln(S_{it}) + \gamma \theta_{it} + \varphi \delta_{it} + a_i + \mu_{it} \tag{7-13}$$

其中，AC_{it} 表示单位产出的平均成本。

2. 农地流转对农户收入的影响

倾向得分匹配法可以很好地解决样本的选择性偏差问题。由于农户在做出是否参与农地流转决策时是根据自己的资源禀赋自己决定的，存在一定的样本

---

① 固定效应模型可以避免衡量每个农民的农业劳动工资率的麻烦。此外，本书还采用固定效应模型解决所谓的内生性问题。

选择偏差，如果对方程直接进行 OLS 估计，会导致估计结果产生偏差。PSM 方法能够通过匹配构建流转户在非流转时的收入指标，最大程度上控制样本数据的偏差，精确估计农地流转的净收入效应。

本书假定农户家庭收入水平是参与农地流转以及协变量的函数：

$$Y_i^D = F^D(X_i) + \varepsilon_i^D, D = 0,1 \qquad (7-14)$$

其中，Y_i^D 表示农户 i 在农地流转状态 D 下的农户家庭收入情况，Y_i^D 是一系列协变量 X 的函数，包括户主特征、家庭特征以及村庄特征。D 表示农户是否参与农地流转的虚拟变量，参与农地流转时，$D=1$；否则，$D=0$。ε_i^D 为残差项。

根据 Rosenbaum 和 Rubin（1984）等定义的反事实分析框架，定义农户 i 参与农地流转的平均处理效应（ATT），即：

$$ATT = E(Y_i^1 - Y_i^0) = E(Y^1/D=1) - E(Y^0/D=1) \qquad (7-15)$$

其中，Y_i^1 表示农户 i 在参与农地流转时的收入水平，Y_i^0 表示农户 i 不参与农地流转的收入水平，ATT 表示流转户参与和不参与流转条件下的收入差值，即农地流转对农户收入水平的净效应。由于 $E(Y^0/D=1)$ 无法观测，所以需要倾向得分匹配方法构建其代替指标，来表示流转户在未流转时的收入水平。

本书的主要思路是利用 PSM 方法，首先通过计算农户选择农地流转的条件概率值，即倾向得分值；然后依据倾向得分值找到与流转农户（处理组）相匹配的未流转农户（控制组），这两个样本的收入水平可以近似认为是同一农户两次不同的实验结果；最后根据匹配后的样本估计 ATT。使用 PSM 方法需要满足两个假定：第一，可忽略性假定。在给定控制变量 X 以后，农户家庭收入在处理组与控制组的分布完全一样，即农户收入独立于农户参与农地流转决策；第二，共同支撑假定。为了能够匹配，需要在控制变量 X 的每个取值上都同时存在处理组和控制组的个体，即保证两类农户的倾向得分取值范围有相同的部分。

为得到稳健一致的估计结果，本书同时运用了 PSM-DID 模型来估计农地流转的效果，其计算公式为：

$$ATT_{PSM}^{DID} = \frac{1}{N^T}\Big[\sum_{i \in T}(Y_{i2}^T - Y_{i1}^T) - \sum_{i \in T} w(i,j)(Y_{i2}^C - Y_{i1}^C)\Big]$$

$$(7-16)$$

其中，N 为参加农地流转的农户数量；Y^T 为处理组；Y^C 为对照组；Y_{i2} 为干预后；Y_{i1} 为干预前；$w(i,j)$ 为对照组农户的权重。本书使用 Logit 模型计算倾向得分值。

（三）变量选择

（1）被解释变量。①农业生产变量。本书分别选择单位产量、单位成本和单位利润来代表农户的农业生产水平；②农户收入变量。本书使用家庭人均总收入指标来代表农户收入水平，用人均农业经营收入、人均非农务工收入、人均转移性收入和人均财产性收入指标来代表农户的收入结构。

（2）核心解释变量。①农地流转变量。本书将农地流转变量分为农地转入变量和农地转出变量，当农户进行农地转入或转出时，取值为1，否则为0。②农地经营规模变量。农地经营规模是指农户在参与农地流转后形成的种植农作物的实际播种面积。农地经营规模的变化依赖于农地的转入和转出，因此本书的农地规模经营变量也可以用来表示农地流转效应（朱文珏，2018）。

（3）控制变量。在借鉴前期研究成果的基础上，本书在表示"农户-时间"特定要素的向量中选取了户主特征、家庭特征、土地经营特征、自然环境特征等4类变量。其中，户主特征包括户主的年龄和受教育程度；家庭特征包括家庭人口、家庭劳动力数量和家庭负担比等；生产经营特征包括承包土地面积、土地块数、土地等级和是否有自然灾害等；外部环境特征包括村庄经济发展水平、交通情况、是否有新型农业经营组织以及省份虚拟变量用以反映社会经济和自然条件对农业生产和农户收入的影响。具体变量描述性统计分析见表7-2。

表7-2　变量描述及统计性分析

变量		变量定义和单位	均值	标准差
被解释变量				
农业生产	单位产量	单位小麦产量，千克/公顷	6 829.778	1 287.398
	单位成本	单位农药、肥料、灌溉、种子、劳动力、机械租赁服务等生产资料投入，元/公顷	1.957	0.723
	单位利润	单位产值-单位成本，元/公顷	6 902.951	3 820.895
农户收入	人均总收入	元/（人·年）	9.632	1.063
	人均农业经营收入	元/（人·年）	6.927	3.466
	人均非农务工收入	元/（人·年）	7.111	3.970
	人均转移性收入	元/（人·年）	5.746	1.948
	人均财产性收入	元/（人·年）	2.032	3.106
核心解释变量				
农地转入		是否转入（是=1，否=0）	0.291	0.454

（续）

变量	变量定义和单位	均值	标准差
农地转出	是否转出（是＝1，否＝0）	0.446	0.497
农地经营规模	农作物实际播种面积，公顷	0.778	3.247
控制变量			
户主年龄	岁	54.772	11.415
户主教育程度	文盲＝1，小学＝2，初中＝3，高中及以上＝4	2.712	0.835
家庭总人口	人	4.099	1.550
家庭劳动力	人	2.687	1.194
家庭负担比	家里老人或者小孩人数，人	1.335	1.112
粮食价格	元/千克	2.175	0.213
承包土地面积	亩	8.006	8.385
农业资产价值	家庭农业资产等价值，万元	1.141	5.752
土地块数	块	3.093	2.064
土地等级	最好＝1，较好＝2，好＝3，较差＝4，差＝5	1.281	1.089
是否有灌溉设施	有＝1，无＝0	0.433	0.496
是否有自然灾害	有＝1，无＝0	0.201	0.401
交通情况	到最近商业中心的距离，千米	6.326	5.005
经济状况（对数）	村级人均纯收入，万元	1.747	0.619
是否有合作社等经济组织	是＝1，否＝0	0.377	0.485

四、农地流转对农业生产和农户收入影响的实证分析结果

（一）农地流转对农业生产的影响分析

1. 基准回归

农户的农地转入与种植规模扩大具有大体一致的行为发生学特征。农户的行为能力既决定农户的农地转入行为，也决定着农户经营规模的扩大（朱文珏，2018）。本章节的农地经营规模是指农户在农地流转以后形成的农户实际经营规模，一定程度上表达了农地流转的影响，因此本书将从农地流转本身和农地流转后的经营规模两个方面实证分析农地流转对农业生产的影响。为了验证农户农地流转及农地流转后的经营规模对农业生产"节本增效"的影响，笔者对面板数据同时进行了混合回归检验、面板固定效应回归检验和面板随机效应回归检验，结果显示应该采用面板固定效应模型。表7-3显示了运用面板

数据固定效应模型估计结果。

表 7 - 3　农地流转对农业生产的影响

变量	单位产量	单位成本	单位利润
经营规模	−0.399***	−0.165***	0.519**
	(−12.520)	(−6.460)	(2.160)
经营规模的平方	−0.132**	0.023***	−0.009
	(−43.270)	(8.200)	(−0.310)
$M_2×$经营规模	0.017	−0.009	0.246
	(0.750)	(−0.380)	(1.170)
$M_3×$经营规模	0.259***	0.012	0.623
	(3.110)	(0.130)	(0.940)
$M_4×$经营规模	1.312***	−0.065	−0.174
	(4.050)	(−0.200)	(−0.130)
$M_5×$经营规模	−0.841***	0.182***	−0.566*
	(−11.600)	(3.630)	(−1.710)
农地转入	0.232***	0.240***	0.095
	(4.833)	(4.444)	(0.556)
农地转出	−0.030	−0.017	−0.152
	(−0.938)	(−0.447)	(−1.197)
年龄	0.002*	−0.001	0.004
	(1.800)	(−0.780)	(0.270)
教育程度	0.012	−0.027**	0.303***
	(1.330)	(−2.470)	(2.700)
家庭总人口	0.014*	−0.012	0.113
	(1.680)	(−1.360)	(1.590)
家庭劳动力	−0.011	0.015	−0.124
	(−1.290)	(1.610)	(−1.630)
家庭负担比	0.000	0.006	−0.069
	(−0.010)	(0.730)	(−1.010)
粮食价格	0.050*	0.003	2.020***
	(1.780)	(0.070)	(5.210)
土地块数	−0.004	0.007***	−0.002
	(−1.610)	(2.680)	(−0.130)
土地等级	0.005	0.007	0.055
	(0.500)	(0.600)	(0.610)

（续）

变量	单位产量	单位成本	单位利润
是否有灌溉设施	0.013	0.007	−0.145
	(0.740)	(0.340)	(−0.960)
是否有自然灾害	−0.112 ***	0.077 ***	−0.527 ***
	(−4.590)	(2.640)	(−2.680)
省份	控制	控制	控制
2014	0.048 ***	−0.023 *	0.613 ***
	(4.440)	(−1.800)	(6.010)
2016	−0.018	0.069 ***	0.214 *
	(−1.290)	(4.200)	(1.800)
常数项	8.281 ***	0.607 ***	3.077 **
	(67.400)	(3.950)	(2.440)
N		555	
R^2	0.997	0.582	0.762
F 值	25 990	101	243

注：*** $P<0.01$，** $P<0.05$，* $P<0.1$；0.000 为保留了 3 位小数后产生的结果，而非 0；每个表格里面的上一行数据代表系数，下一行数据代表 t 值。N 是农户样本数量，下同。

从表 7-3 中可以看出，在生产成本方面，农户经营规模对亩均生产成本具有显著的负向影响，农户经营规模每增加 10%，小麦的单位生产成本增加 1.65%，这验证了许庆（2011）的结论。然而，从农户规模经营虚拟变量系数 $M_j\ln(S)$ 的比较来看，随着农户经营规模的增加，虚拟变量的系数由负变为正，表明随着经营规模的扩大单位平均成本先降低后增加，呈现 U 形变化，当经营规模在 1~1.333 公顷时达到最低点。当农地经营面积超过 1.333 公顷时，由于大规模农户的劳动力监管成本和土地租赁成本不断增高导致平均成本增加。

以亩均产量衡量土地生产率时，农户经营规模对单位产量的影响系数 $\ln(S)$ 为负值，并在 1% 的水平上通过显著性检验，这说明农户经营规模对粮食产量具有显著的负向影响，此结论与 Rada 等（2015）的结论一致。从农户经营规模的扩大对土地生产率的影响来看，回归方程的系数 $M_j\ln(S)$ 在农户经营规模小于 1.333 公顷时为正值，当农户经营规模大于 1.333 公顷时系数变为负值。结果表明，随着农户经营规模的适度扩大，单位产量经历了由上升到下降的过程，呈现出 U 形变化趋势。可能的原因是，小农为主的农业生产经营模式，土地细碎化的现象非常严重，不利于土地生产率的提高。随着农户经营规模的扩大，单位产量将随着土地细碎化程度的降低而增加，但当经营规模超过 1.333 公顷，单位产量将因交易成本的增加而减少，这表明从产量来看，1～1.333 公顷是适度的农户经营规模。

与单位产量相比，以亩均利润衡量土地生产率时，单位利润模型系数 $\ln(S)$ 为正数，且在 5% 的水平上显著，可在很大程度上缓解由于农户经营规模扩大带来的单位产出下降的不利影响，同时产生内在的经济效益，这也是能有效实现农地流转的动力。从农户经营规模增加对单位利润的影响来看，回归方程的系数 $M_j \ln(S)$ 在 1.333 公顷以上时为负值，即单位利润的最高点出现在经营规模达到 1～1.333 公顷时。从粮食生产的整体经济效益来看，粮食主产区粮食种植的适度规模在 1～1.333 公顷。

总体来看，农户经营规模对单位产量和平均生产成本有显著的负向影响。这意味着扩大农户经营规模可以降低平均生产成本和单位产出。因此，在小规模分散经营模式没有根本改变的背景下，农户经营规模的增加将不利于单位产出的增加，但农户经营规模的增加有利于成本效益的实现，假设 7-1 得到验证。

在农地流转变量中，转入变量对亩均产量和生产成本都具有显著的正向影响，且在亩均利润模型中，影响系数依然为正，小麦的亩均产量和生产成本均会随着经营规模的增加而增加，但总体效应表现为亩均利润的增加，说明转入土地扩大经营规模能促进小麦的比较效益增加；转出变量对亩均成本、亩均产量和利润虽然没有通过显著性检验，但系数均为负值，说明小规模农户的单产、成本和利润都较大规模农户低，可能的原因是转出户实现了农业劳动力向非农劳动的转移，降低了对土地的劳动力和资本投入，从而降低了亩均产量和亩均利润。综上所述，验证了假设 7-3。

在控制变量中，代表农户特征和家庭特征的变量几乎没有通过显著性检验，而代表自然禀赋随时间而变化的环境变量均通过了显著性检验。其中，粮食价格对粮食单产、成本和利润都有显著的正向影响，说明粮食价格的提升激励农户进行农业投资，不断提高农户对农业生产成本的投入，进而提高单位产量和单位利润；自然灾害会降低粮食的单位产量和单位利润，但是会增加粮食生产的单位成本，并通过了显著性检验。

2. 农地流转对农业生产的时期变化影响

表 7-4 显示了运用面板数据固定效应模型，实证分析的农地流转对农业生产的时期变化影响的估计结果。

表 7 - 4　农地流转对农业生产的时期影响

变量	单位产量	单位成本	单位利润
经营规模	−0.402 ***	−0.155 ***	0.517 **
	(−12.480)	(−5.990)	(2.130)
经营规模的平方	−0.133 ***	0.021 ***	0.008
	(−42.860)	(7.440)	(0.270)
$M_2 \times$ 经营规模	0.018	−0.008	0.256
	(0.750)	(−0.310)	(1.210)
$M_3 \times$ 经营规模	0.258 ***	0.015	0.648
	(3.080)	(0.160)	(0.980)
$M_4 \times$ 经营规模	1.323 ***	−0.097	−0.162
	(4.070)	(−0.300)	(−0.120)
$M_5 \times$ 经营规模	−0.842 ***	0.167 ***	−0.615 *
	(−11.270)	(3.190)	(−1.680)
2014×经营规模	0.027 ***	0.004	0.066 ***
	(5.450)	(1.440)	(3.580)
2016×经营规模	0.063 ***	0.012 ***	0.004
	(8.250)	(4.200)	(0.200)
常数项	8.312 ***	0.576 ***	3.340 ***
	(67.120)	(3.720)	(2.650)
其他变量	控制	控制	控制
N		555	
R^2	0.997	0.593	0.764
F 值	24 987	99	226

注：*** $P<0.01$，** $P<0.05$，* $P<0.1$；0.000 为保留了 3 位小数后产生的结果，而非 0；每个表格里面的上一行数据代表系数，下一行数据代表 t 值。流转变量、户主特征、家庭特征以及自然禀赋变量结果与前文结果类似，故在此表中没有列出，如有需要可以提供。

从表 7 - 4 中可以看出，小麦农户经营规模对粮食的生产成本和单位产量仍有显著的负向影响。随着时间的推移，在小麦单位产量模型中，时间与小麦经营规模的交互相系数显著为正，且通过了 1% 的显著水平；但在单位利润的模型中，交互相系数虽然为正，但并未全部通过显著性检验。这说明，因农地规模经营增加而降低单产的趋势会随着时间的推移逐渐减弱。具体来说，中央

1号文件强调，2012—2015年加快农业机械化和农业现代化步伐，2013年制定农地流转政策，2014年实施"三权"分置改革，有利于加快提高农业生产综合水平，保障粮食安全，促进规模经营（Zhang et al.，2017）。此外，一旦中国农村的农地流转市场运作良好，农地资源就会从生产效率低的小农户转移到有能力的大规模种植者手中（Yang et al.，2020）。因此，农户经营规模增加带来的减产问题随着时间的推移而逐步改善。在生产成本方面，时间与农户经营规模的交互项的系数也显著为正，这说明农户经营规模的增加对单位生产成本的反向影响随着时间的推移也将有所减弱。中国农村小农经营方式和土地细碎化降低了农业劳动力的边际生产率，限制了资金和技术投入的替代效应（Cai和Wang，2016）。因此，有必要促进农地流转，扩大我国农户的经营规模。为此，中国政府近年来出台了一系列改革措施，如"三权"分置改革和土地确权证的发放（Wang和Zhang，2017）。同时，随着农业生产机械-劳动力的进一步替代，社会化服务外包市场的逐渐发育，服务外包价格和土地租赁成本的上涨导致农业生产成本也在上升。因此，随着农户经营规模的增加，如果不能有效控制单位生产成本，农户规模经营对生产成本的影响也会随着时间的推移而减弱，假设6-2得到验证。

（二）农地流转对农户收入的影响分析

1. 农地流转对农户收入的影响——基于多年期面板数据

倾向得分匹配有多种匹配方式，其中包括最近邻匹配、半径匹配、核匹配、样条匹配及马氏匹配等。核匹配是一种非参数匹配方式，可以避免其他匹配方式存在的损失样本信息的缺点，因此本书选择核匹配作为主要匹配方法。

（1）构建Logit模型，计算倾向值。本书分别构建以农户是否转入土地和是否转出土地为因变量的Logit模型，估计结果见表7-5。

从表7-5中可以看出，土地是否转入和是否转出模型均在1%的水平上通过显著性检验，模型的整体拟合程度较好。农户家庭土地承包面积在转入模型中系数为0.022，具有显著的正向影响，在转出模型的系数为-0.024，具有显著的负向影响。这说明农户家庭土地面积越多，越有利于促进农户转入土地，实现土地的规模经营，提高土地利用效率从而提高农户的家庭总收入水平。面对规模小效益低的农业生产，转出土地的机会成本较小，农户比较倾向于选择更多的务工时间，提高非农务工收入的同时还有一定的租金收入，进而提高家庭总收入水平。

表 7 - 5 农地流转决策 Logit 模型回归结果

变量	转入模型			转出模型		
	系数	标准误	P 值	系数	标准误	P 值
年龄	−0.048	0.006	0.000	0.044	0.007	0.000
教育程度	0.182	0.083	0.027	−0.058	0.087	0.506
家庭总人口	0.070	0.060	0.249	−0.097	0.068	0.156
劳动力人数	0.429	0.080	0.000	−0.372	0.090	0.000
家庭负担比	−0.330	0.181	0.041	−0.512	0.305	0.093
土地块数	−0.092	0.042	0.026	0.034	0.015	0.021
承包面积	0.022	0.009	0.013	−0.024	0.009	0.004
租金	0.001			0.004		
人均纯收入	0.119	0.033	0.000	0.005	0.025	0.830
人情支出	−0.397	0.652	0.543	0.727	0.708	0.304
非农收入占比	−2.874	0.216	0.000	1.967	0.228	0.000
农业资产价值	0.280	0.051	0.000	0.005	0.010	0.604
是否参与合作社	0.132	0.259	0.612	1.195	0.277	0.000
交通情况	0.016	0.015	0.286	0.106	0.016	0.000
村经济状况	0.230	0.013	0.000	0.182	0.041	0.000
是否有合作社	0.218	0.144	0.130	0.272	0.109	0.037
常数项	0.845	0.556	0.128	−5.321	0.614	0.000
$LR\ chi^2$（17）		559.850			1 125.470	
R^2		0.248			0.438	

注：***、**、*分别表示 1%、5% 和 10% 的显著性水平。

在家庭特征中，户主年龄对农地转入和农地转出具有显著的抑制和促进作用。说明家庭户主年龄越大越不利于促进农地转入，反而促进农地转出，说明农地逐渐由老一代农民手中向新型农业经营主体手中转移。家庭负担对土地转入或者转出均有显著的负向影响。文中家庭负担是指 65 岁以上的老人或 14 岁以下的儿童，对老人来说，由于缺乏务工能力增加了其对土地的依赖程度，一定程度上会抑制土地的转出，同时又没有能力经营更多的土地，也会抑制土地的转入。此外，在调研过程中发现留守儿童现象较多，一般由家里的老人或妇女照顾，加强了农地的人格化财产属性也阻碍了农业生产的规模化。家庭农业资产对转入土地有显著的正向影响。农户家庭农业资产越多，说明农户的农业方面的物质资本越丰裕，有条件转入土地实现土地的规模化经营提高农地规模效益。

在村级变量中，村级到城镇的距离越近越有利于农地转出，村级经济情况越好，越有利于农地转出。可能的原因是，村级到城镇的距离越近，村级经济状况越好，村民非农务工机会越多，有利于促进农业家庭劳动力向非农部门转移，进一步促进农地转出（Berchoux，2019）。村级是否拥有新型农业经营组织在转出模型中的系数为 0.272，并均在 5% 的水平上通过显著性检验。可能的原因是，村级拥有新型农业经营组织，农户在流转过程中就会倾向于将农地流转到新型农业经营组织中获得较高的租金或者分红，同时减少土地对农业劳动力的束缚，促进农业劳动力的非农转移提高家庭非农收入，进一步提高农户家庭总体收入水平。因此，拥有新型农业经营组织的村庄农地流转发生率更高。

（2）倾向得分匹配估计。通过对上述模型的估计求出农户做出转入和转出决策的概率值，然后基于概率值对转入户与未流转户、转出户与未流转户采用最近邻匹配和核匹配两种方式进行匹配。匹配过程中设定了共有选项对共同取值范围内个体进行匹配，其他采用默认设定，三年面板数据的倾向得分匹配估计结果见表 7-6。为保证转入户与非流转户、转出户与非流转户的匹配质量，本书对模型进行了平衡性检验。检验结果显示，流转户与非流转户的倾向得分取值有比较大的共同支持域，在匹配后标准偏差的绝对值较小，并且 T 检验没有表现出统计上的显著差异，同时匹配前后的 Pseudo R^2 值明显变小，这表明模型很好地平衡了流转户和非流转户的数据，通过了平衡性检验。

从表 7-6 中可以看出，对三年期面板数据进行倾向得分匹配前，转入户和非流转户的家庭人均总收入的对数为 10.085 和 9.415，两者之间的差异为 0.670。在运用核匹配对流转户和非流转户进行匹配以后，两类农户的家庭人均总收入的对数分别降低为 9.875 和 9.446，这说明在考虑了样本的"自选择"问题以后，农地流转对家庭收入水平的影响变小；两者之间的差值为 0.429，并在 1% 的统计水平上显著，表明转入土地的农户平均家庭总收入比未参与的农户高 53.57%［exp（0.429）-1］；同理，匹配后的转出户和非转出户的收入水平差值为 0.280，表明转出土地的农户平均家庭总收入比未参与的农户高 32.31%［exp（0.280）-1］，以上实证结果与预期一致，验证了假设 7-4。

表 7-6　三年面板数据的倾向得分匹配估计结果

农户类型	因变量	处理效应	流转户	非流转户	净效应	标准误	t 统计值
转入户	人均总收入	匹配前	10.085	9.415	0.670	0.126	5.310
		ATT	9.875	9.446	0.429	0.052	12.270
	农业经营收入	匹配前	9.242	5.977	3.266	0.160	20.470
		ATT	9.242	7.081	2.162	0.298	7.260
	非农务工收入	匹配前	6.396	7.405	−1.008	0.201	−1.020
		ATT	5.118	6.396	−1.279	0.430	−1.970
	转移性收入	匹配前	5.875	5.431	0.444	0.099	4.500
		ATT	6.254	5.431	0.823	0.189	4.340
	财产性收入	匹配前	1.261	2.349	−1.088	0.156	−6.970
		ATT	1.261	2.009	−0.749	0.297	−2.520
转出户	人均总收入	匹配前	9.751	9.537	0.214	0.049	4.360
		ATT	10.031	9.751	0.280	0.139	2.010
	农业经营收入	匹配前	5.271	8.259	−2.988	0.146	−20.490
		ATT	5.271	7.797	−2.526	0.347	−7.290
	非农务工收入	匹配前	7.238	7.010	0.228	0.185	1.230
		ATT	7.399	7.238	0.161	0.620	1.260
	转移性收入	匹配前	5.767	5.730	0.037	0.091	2.410
		ATT	6.366	5.767	0.600	0.263	2.280
	财产性收入	匹配前	4.524	0.029	4.495	0.100	44.760
		ATT	4.524	0.030	4.494	0.157	28.560

注：***、**、*分别表示1%、5%和10%的显著性水平。

从收入结构来看，匹配后的 T 值大部分均大于 1.96 的临界值，说明流转户与非流转户的净效应均通过显著性检验。不同的流转类型给农户带来的收入增长路径也会产生不同。转入土地农户的农业经营收入显著提高了，虽然转入土地农户比未流转农户的非农务工收入有所降低，但未通过显著性水平检验。对转移性收入和财产性收入来说，转入户比未流转户显著增加了农户的转移性收入，但降低了农户的财产性收入水平。对转出户的分析结果表明，转出户的农户家庭财产性收入显著增加而农业经营收入显著降低，这是由于转出户会得到一定的土地转出租金，增加了其财产性收入。同时，转出土地的农户多倾向于将土地几乎全部流转出去，或者仅剩下少许口粮地，进而降低了农户的农业经营收入。转出户的非农务工收入净效应为正值，但在统计水平上未通过显著性检验。总体来看，不同流转类型农户的收入增长路径不同：转入户通过增加农业经营收入和转移性收入提高了家庭总收入水平；而转出户通过增加财产性收入提高了家庭总收入水平，非农务工收入虽然没有通过显著性检验但净效应仍为正值，此结论验证了假设 7-5。

从上述结果中分析可知，农地流转能够显著提高参与农户的家庭收入水平。针对不同类型农户而言，土地转入户的家庭总收入和农业经营收入得到了显著提高。可能的原因是，由于生产要素的不可分性，较小的土地规模限制了生产要素的使用效率，随着农地经营规模的增加，农业生产要素配置效率逐渐提高，具有一定的规模效益，达到增加经营者收入的目的。土地转出户的家庭总收入水平显著提高，而农户家庭非农收入虽然增加了，但影响不显著。可能的原因是，随着劳动力市场的不断完善，在土地转出前农村劳动力已经进行初步转移，土地转出行为对农户家庭非农劳动力的释放作用不大。转出户的转移性收入显著提高，是因为转出户获得了一定的土地转出租金。

2. 农地流转对农户收入的影响——基于分阶段面板数据分析

本部分使用 PSM、DID 和加入协变量的 DID 三种估计方法得出的计量结果基本趋势一致，结果的稳健性得到验证。本部分主要对基于含协变量的 DID 结果进行分析，实证结果见表 7-7。

表 7-7　农户收入净效应的分阶段估计结果

农户类型	分阶段	净收入效应（ATT）				
		人均总收入	农业经营收入	非农务工收入	转移性收入	财产性收入
转入户	2012 年和 2014 年	0.450***	1.579***	−0.763*	0.109**	−1.507***
	2014 年和 2016 年	0.791***	2.157***	−1.376	0.023**	−0.832
	2012 年和 2016 年	0.488***	1.719***	−0.764*	0.132***	−1.243***
转出户	2012 年和 2014 年	0.229***	−0.858***	0.858***	−0.189	3.328***
	2014 年和 2016 年	0.245**	−0.645**	0.113	0.251	1.058***
	2012 年和 2016 年	0.244***	−1.582***	7.179	−0.166	2.814***

注：***、**、* 分别表示 1%、5% 和 10% 的显著性水平。

从表 7-7 的结果可以看出，基于分阶段的实证结果与全样本数据的实证结果表现出同样的趋势：即农地流转会增加农户的整体收入水平，且不同流转类型农户表现为收入结构变化的异质性。转入户的农业经营收入和转移性收入表现为明显的增加，而转出户则通过财产性收入和非农务工收入增加农民家庭收入水平，验证了结论的稳健性。

　　从收入水平来看，农地转入对家庭人均纯收入具有显著的正向影响。分阶段来看，从 2014 年和 2016 年的两期面板数据结果可以看出，农地转入对家庭人均纯收入的正向影响大于 2012 年和 2014 年两年面板数据的实证结果，这说明随着时间的推移，农地转入的总收入边际效应逐渐增加；但是 2012 年和 2016 年两期面板数据的实证结果表明，农地转入的家庭总收入效应较 2014 年和 2016 年的两期面板数据的总收入效应低，说明 2012—2016 年五年时间的平均收入边际效应下降。总体来看，农地转入的总收入效应随着时间的推移表现为先上升后下降的趋势，说明农地流转的政策效应已逐渐释放，如何持续保持农地流转的收入效应是值得探究的问题。同理，农地转出对家庭人均总收入同样具有显著的正向影响。分阶段来看，农地转出对家庭人均总收入的影响与农地转入政策的影响趋势是相同的，均表现为先上升后下降的趋势，说明随着农地流转政策的不断深入，农地流转的收入效应也会增加，但经历过一段时间的释放后，收入效应会逐渐下降。同时，可以看出，农地转入对农户整体收入水平的提高作用大于农地转出的收入效应。

　　从收入结构来看，农地转入对家庭农业经营收入具有显著的正向影响，且农地转入户的家庭农业经营收入效应随时间变化表现出逐渐增加的趋势。但是，农地转入对财产性收入的促进作用随时间变化而逐渐降低。可能的原因是，大规模种植户会加大对农业生产技术的投入，同时随着农业机械化服务水平不断提高，农业生产效率也会逐渐增加；同时国家相关农业政策不断向新型农业经营主体方向倾斜，共同作用导致转入户的农业经营收入水平的不断提高；而转入户的财产性收入主要来自农业补贴和规模经营的奖励，一般来说，在农户规模化初期，国家会给农地转入户一定的一次性资金支持，此时政府对农地流转初期的资金补贴会直接增加农户的家庭收入，随着农户的农业生产逐渐规模化和正规化，国家的某些农业政策转移性支付就会下降，进而导致转移性收入的下降。但随着农户将转移性收入转化为农业投资，农业生产效益会逐渐增加，一部分抵消转移性收入的下降，因此不会影响农户的整体收入水平。农地转出会显著降低农业经营收入，而对家庭财产性收入具有显著的正向影响，且这种影响随着时间变化逐渐下降。可能的原因是，随着服务外包市场的不断完善，外包服务会通过降低农业对家庭劳动力的约束进而抑制农户的转出行为；且随着农地流转市场的不断成熟，农地租金也处于一个稳定的市场化状态，所以农地转出对农户财产性收入的影响也逐渐下降。

五、本章小结

　　本章节基于粮食主产区山东、河南和安徽 3 省 10 县的调研数据，运用面板数据固定效应模型和 PSM-DID 模型，综合分析农地流转对农业生产和农户收入的影响，以及这种影响在不同时期的差异性变化，得出如下结论。

（1）农地流转对农业生产影响的结论。①农户经营规模负向影响单位产量和生产成本，而对单位利润具有显著的正向影响，说明农户经营规模虽然没有带来单位产量的显著增加，但确实大大降低了平均成本，提高了小麦的单位利润。②从扩大农户经营规模对粮食生产的影响来看，交互相系数 $M_i\ln(S)$ 在产量和利润模型上为倒 U 形曲线，而在平均成本模型中交互项系数值表示为 U 形曲线，转折点均在 1~1.333 公顷，表明适度的粮食生产规模在 1~1.333 公顷。③将农地流转分为农地转入和转出，转入变量对小麦的亩均产量和生产成本都具有显著的正向影响，虽然对小麦亩均利润的影响没有通过显著性检验，但影响系数仍为正数。即随着经营规模的增加，小麦的亩均产量和生产成本都会增加，但总体效应表现为亩均利润的增加，说明转入土地扩大经营规模能促进小麦的比较效益的增加；转出变量对小麦的亩均成本、亩均产量和利润没有通过显著性检验。④随着时间的推移，农户经营规模对粮食产量和平均成本的反作用正在减弱。这表明，随着国家后续政策的出台和农村市场条件的逐步改善，规模效应减弱的趋势有所改变，但规模经营带来的成本效益的优势也在减弱。

（2）农地流转对农户收入影响的结论。①参与农地流转的农户较未参与农地流转农户具有更高的收入水平。随着经济的发展，城市工业化进程的加快，非农就业机会增加，农户会选择将农地流转出去，农村劳动力由比较收益低下的农业向非农劳动力转移，实现家庭总收入的增加；同时，随着粮食生产支持政策和利好农地流转政策的出台，具备比较丰裕资金和人力资本的农户更愿意响应农业政策，积极地转入土地实现农地的规模经营，提高农业生产效率进而提高家庭总收入。因此，无论转入还是转出土地，都是基于自身优势的资源禀赋做出的选择，在一定程度上都会提高家庭收入水平。②从农户类型和收入结构来看，转入户的家庭总收入、农业生产经营收入和转移性收入显著提高，财产性收入显著降低；而转出户的家庭总收入和财产性收入显著提高，农业经营收入显著降低。同时，非农务工收入在转入户和转出户中都没有通过显著性检验，验证了先前的研究结论（杨子等，2017）。可能的原因，一是土地转入与非农劳动力雇佣市场的关系并不显著相关（Huang et al.，2012）；二是随着劳动力市场的不断完善，在土地转出前农村劳动力已进行初步转移，土地转出行为对农户家庭非农劳动力的释放作用不大。③分阶段数据表明，从收入水平来看，农地转入和转出对家庭人均总收入的促进效应随时间表现为相同的影响趋势，即表现为先上升后下降的趋势。说明随着农地流转政策的不断深入，农地流转的收入效应也会增加，但经历过一段时间的释放，收入效应会逐渐下降；同时，可以看出，农地转入对农户人均收入水平的提高作用大于农地转出的收入效应。从收入结构来看，农地转入户的家庭农业经营收入效应随时间变化表现出逐渐增加的趋势，而财产性收入的促进作用随着时间的变化逐渐下降。农地转出对家庭农业经营收入的负向作用及对家庭财产性收入的正向影响均随着时间变化逐渐下降。

第八章　服务外包对农业生产和农户收入的影响效应分析

一、问题的提出

在保障粮食安全和农业供给侧结构性改革的大背景下，农地的小规模经营制约了我国农业发展和农民增收，规模化经营成为我国农业发展方式转变的理性选择也是我国农业发展的大趋势。过去 30 多年的事实表明，土地流转并没有彻底扭转中国以小农户为基本面的农业经济格局，为推动小农户与现代农业有机衔接，核心就是要引入现代生产要素（罗必良等，2021），农业社会化服务被寄予更多的期待（赵晓峰和赵祥云，2018；钟真，2019）。农业社会化服务的目标就是为小农户提供生产和服务，其出发点和落脚点就是促进小农户的增产增收。因此，在农业社会化服务不断发展的背景下，从农业增产和农户增收视角审视服务外包的影响，并探究服务外包对农业生产和农户收入的影响机制，对丰富现有研究成果，提高农业生产和农户收入水平具有一定的意义。

在服务外包对农业生产的影响方面，有学者认为服务外包能提高农业产出（陈超等，2012；张忠军和易中懿，2015），但也有部分学者发现生产环节服务外包对农业生产具有不利的影响（武舜臣等，2021）。同时，有学者从不同生产环节服务外包视角验证了服务外包对农业生产影响的异质性（孙顶强等，2016；Sun et al.，2018）。在服务外包对家庭收入的影响方面，有研究认为，服务外包不仅可以有效缓解家庭农业劳动力约束，通过劳动力非农就业渠道增加家庭收入（杨子等，2019），还可以将先进生产技术代入农业生产中，显著提高农户的生产经营净收入（Machila et al.，2015；Lyne et al.，2018）。但也有研究表明农资供应外包并未对农场净收入带来促进作用，且可能存在不利影响（Gillespie et al.，2010）。Mi 等（2020）从家庭收入、消费支出和劳动力条件等不同角度实证分析棉农生产环节服务外包行为对农户家庭福利的影响，研究发现农业生产外包通过增加家庭收入、增加消费者支出和改善劳动条件改善了小农户的福利，且福利效应在不同环节外包中存在异质性。有学者从影响机制角度考虑了服务外包对农户福利的影响，结果显示服务外包不仅可以通过影响劳动力等资源的配置效率影响农户福利，还可以通过农户的专业化分工机制来影响农户福利（杨志海，2020）。

虽然现有文献为本书的研究提供了一定的经验积累和理论支撑，但在以下几个方面仍存在一定的不足：首先，现有研究大多关注的是农业生产服务外包起因及其农业生产和收入效应，且未得到统一的结论；其次，现有研究中没有从家庭资源配置的角度去考虑农业生产和农户收入问题；最后，已有评估农业生产服务外包对农业生产和农户收入影响的研究往往使用截面数据，难以捕捉到收入效应的时间变化趋势。因此，本章节将基于粮食主产区 3 省 10 县农户面板数据，分别选择农业生产率和家庭人均总收入指标考量服务外包对农业生产和农户收入的影响，对促进农业生产服务外包市场，实现小农户与现代农业发展的有机衔接，进而提高农户整体福利水平具有重要的理论价值和现实意义。

二、服务外包对农业生产和农户收入影响的理论分析

随着我国机械化水平的不断提高，服务外包为要素替代以及专业化生产开辟了一条更为现实的路径，不仅可以有效地弥补由于非农就业导致农业劳动力供给不足的问题（钟甫宁等，2016），还能将先进生产技术引入农业生产环节，有利于推进农业现代化发展（冀名峰，2018），在影响农业生产和农户收入中发挥着重要的作用（Igata et al.，2008）。

首先，服务外包可以通过影响农业生产中的专业化分工来改善农业生产绩效，激励农户扩大农地经营规模（张露等，2021）。农业专业化是新型农业生产经营模式的发展动力，专业化分工可以带动每个生产环节技术效率的提高，进而使得所有劳动效率最大化，实现农业增产和农民增收，促进经济增长（曹国庆等，2014；Rae 和 Zhang，2009）。有学者表明农业生产外包服务会明显增加规模经营农户的土地转入，对农地规模经营具有显著的促进作用（康晨等，2020），随着农地经营规模的扩大，农业劳动力不足以满足需求，这就需要规模经营户从劳动力市场上雇佣新的劳动力满足农业生产需求，进一步促进农业劳动力市场的发育（朱文珏和罗必良，2016），使劳动效率最大化。同时，生产环节服务外包在促进农业专业化的同时，会降低农业生产对农户生产技术水平的要求，农户可以将部分或全部生产环节交给专业化强的种植团队或专业化服务组织完成，提高农业生产效率（王志刚，2011），改善农户的家庭福利（陈宏伟等，2019；杨子等，2019）。

其次，服务外包可以通过影响家庭劳动力资源配置效率，进而影响农业生产和农户收入。基于家庭分工经济理论，家庭成员分工与专业化选择是尽可能

利用家庭成员的分工优势，实现家庭的利润最大化（Su et al.，2016）。在农户家庭生产决策过程中，可以将农户的非农就业与经营农地看作是家庭生产的两种"产品"（李宁等，2018；Zhao et al.，2021）。在社会化服务市场和劳动力市场有效，农民不存在非农就业门槛制约的背景下，具有非农就业优势的农户倾向于将农业生产环节外包给相对效率较高的其他劳动者（比如社会化服务组织），而家庭劳动力凭借其在非农就业方面的优势顺利进入劳动力就业市场，则此时由于家庭生产结构优化而产生结构效应，不仅可以提高农业产出和非农收入，同时也能提高家庭整体收入水平（Picazo-Tadeo 和 Reig-Martinez，2006），也就是提高了整个生产过程的平均生产效率。

最后，由于每个生产环节对生产要素的需求相对不一，这也导致不同的生产环节对服务外包的需求存在异质性。比如，在耕地和收割环节，在农业机械化之前需要投入大量的劳动力来完成这些生产环节工作，随着机械化水平的不断提高，服务外包主要实现了机械对劳动力的替代，因此整体和收割环节可以归为劳动密集型环节；同理，在植保和播种环节，本身对劳动力要求不高，而当时对农业劳动力生产技术的要求更高，如果没有一定的播种和植保知识肯定难以实现农业生产效率最大化，此时的服务外包实现的是机械对生产技术的替代，因此植保和播种环节可以归为技术密集型环节。所以，不同环节的服务外包实现的是不同资源要素的替换，对农业生产和农户收入的影响具有异质性。有研究表明，在不同生产环节服务外包中，相较于技术密集型环节，农户非农就业对劳动密集型环节外包的促进作用更大（Deng et al.，2020），但 Chen 等（2012）的研究却得出了相反的结论。也有学者讨论了各生产环节服务外包对农业生产效率影响的差异性，并探讨了随时间的推移而变化的趋势（陈超等，2012；孙顶项等，2016）。

总之，一方面服务外包通过服务的规模经营，降低农业的生产成本和交易成本，促进农业的规模化经营（Zhong 和 Luo，2013），提高农业生产效率；另一方面服务外包的发展使农业生产的部分环节被机械化替代，缓解了非农就业导致的劳动力约束，促进非农就业收入和农户整体收入水平提高（李宁，2020；Zhao et al.，2021）。同时，不同环节的服务外包对农业生产和农户收入水平的影响具有异质性。

因此，基于以上分析，本部分提出以下假设：

假设 8-1：服务外包有利于促进农业生产率的提高，且不同生产环节外包对农业生产的影响具有异质性。

假设 8-2：服务外包有利于促进农户收入水平的提高，且不同生产环节外包对农户收入水平的影响具有异质性。

三、服务外包对农业生产和农户收入影响的模型设定

（一）样本说明

本章节基于连续跟踪法形成的 10 县 623 户农户的面板数据来分析服务外包对农业生产和农户收入的影响。小麦的生产环节具体可分为耕地、播种、植保、灌溉、施肥、收割、干燥和储蓄等 8 个环节，但在实际操作过程中，灌溉、施肥、干燥和储蓄环节的外包程度很低，难以影响农户的农业规模经营行为，因此，本书着重分析耕地、收割、播种和植保四个环节的服务外包行为及其影响。由于 2013—2017 年有 68 户农户为非小麦种植户，因此本书使用 555 个小麦种植户的数据来分析。

（二）模型设定

为了检验服务外包对农业生产和农户收入水平的影响，以及这种影响的时间趋势，本部分使用固定效应模型确定服务外包行为与农业生产和家庭收入水平的关系。

1. 服务外包对农业生产的影响

借鉴方福前、张艳丽（2010）和李谷成等（2010）的研究，服务外包对农业生产的影响分析将采用以下模型：

C−D 生产函数的基本形式为：

$$Y_t = A_t K_t^{\alpha_1} L_t^{\alpha_2} \qquad (8-1)$$

其中，Y 代表小麦单位产出，A 代表全要素生产率，K 和 L 分别为资本要素和劳动力要素投入，α_1 和 α_2 分别表示资本和劳动力投入的规模报酬，t 代表年份。

对上式进行对数变换可得：

$$\ln Y_t = \ln A_t + \alpha_1 \ln K_t + \alpha_2 \ln L_t \qquad (8-2)$$

根据王珏等（2010）的研究，中国农业全要素生产率主要受对外开放程度、科技水平、工业化程度、地理因素、土地利用能力等因素影响，其中科技水平、工业化程度对农业全要素生产率的影响最为显著。由于生产环节服务外包水平代表农业生产的机械化水平，一定程度上可以表示农业生产的科技水平，因此，本书选择小麦生产的服务外包水平和工业化程度作为小麦生产全要素生产率的主要构成项，表达式为：

$$\ln A_t = \beta_0 + \beta_1 IND_t + \beta_2 OS_t + \mu_t \qquad (8-3)$$

其中，IND_t 表示工业化程度，OS_t 为服务外包指数，μ_t 是随机误差项。

将式（8-3）带入式（8-2）中，同时考虑农户个体异质性，将得到本书要估计的生产函数基本形式：

$$\ln Y_{it} = \beta_0 + \beta_1 IND_{it} + \beta_2 OS_{it} + \alpha_1 \ln K_{it} + \alpha_2 \ln L_{it} + \varphi \delta_{it} + \mu_{it} \quad (8-4)$$

其中，i 代表不同农户。不同农户的工业化水平和技术密集度等个体效应与农户外包之间可能存在相关性。因此，为避免个体效应进入随机误差项导致最终结果产生偏差，本书将引入农户个体固定效应 λ_i，以反映不随时间变化的不可观测的农户个体异质性。δ_{it} 代表"农户—时间"特定要素向量，比如衡量户主特征、家庭特征、村庄特征的变量组合。因此，本书将首先估计以下模型，即：

$$\ln Y_{it} = \beta_0 + \beta_1 IND_{it} + \beta_2 OS_{it} + \alpha_1 \ln K_{it} + \alpha_2 \ln L_{it} + \varphi \delta_{it} + \lambda_i + \mu_{it}$$

$$(8-5)$$

农户不仅存在个体效应的特征，其特征可能随时间的变化而变化。为控制因未观测的与农业生产率和生产外包均相关的因素导致的内生性问题，本书还引入了时间固定效应 θ_t 以反映时间变化对不同农户农业生产率变化的影响。本书在个体固定效应模型的基础上对个体和时间双向固定效应模型进行估计，具体模型为：

$$\ln Y_{it} = \beta_0 + \beta_1 IND_{it} + \beta_2 OS_{it} + \alpha_1 \ln K_{it} + \alpha_2 \ln L_{it} + \varphi \delta_{it} + \lambda_i + \theta_t + \mu_{it}$$

$$(8-6)$$

2. 服务外包对农户收入的影响

本书将使用家庭人均总收入作为农户收入的指标，由于家庭人均总收入均是连续性变量，则生产环节服务外包对农户人均收入的影响可由如下模型估计：

$$Z_i = \gamma' OS_i + \beta' X_i + \varepsilon_i \quad (8-7)$$

借鉴高桂珍（2019）的研究，Z_i 是指农户 i 的人均总收入，使用人均总收入的对数来表示。OS_i 为农户 i 参与生产环节服务外包的程度，X_i 是影响农户收入的一系列因素，ε_i 为随机误差项。

为了控制农户个体异质性和时间效应，模型将同时引入个体固定效应 λ_i 和时间固定效应 θ_t 进行估计：

$$\ln Z_{it} = \gamma' OS_{it} + \beta' X_{it} + \lambda_i + \theta_t + \varepsilon_{it} \quad (8-8)$$

（三）变量选择

（1）被解释变量。①农业生产（$\ln Y$），为样本农户的小麦单产水平，单位为斤/亩。②农户收入（$\ln Z$），为样本农户家庭的人均总收入，单位为元/（人·年）。

（2）核心解释变量。生产环节外包水平（OS），用生产环节服务外包程度表示。资本（K），本书中用各地区样本农户的实际亩均资本投入来表示，包括农户在生产过程中投入的种子、化肥、农药、灌溉和机械等的支出，单位为元/亩。劳动力（L），本书中用农业生产过程中的劳动力成本来表示，包括雇佣劳动力成本和自身劳动力投入成本之和，其中，自身劳动力成本依据实际劳动力投入天数与第六章节中计算出的日均工资折算，单位为元/亩。工业化水平（IND），本书中用农户非农收入占总收入的比重作为工业化进程的微观表现，因为非农就业机会最能体现一个地区的工业化进程（陈超等，2012）。

（3）控制变量。为避免遗漏变量导致的模型可信度不足等问题，如前文所示选择户主特征、家庭特征、土地经营特征、村庄特征等 4 类变量来控制遗漏变量对粮食生产的影响。这些变量的选择与前面章节的定义一致。主要变量的描述性统计分析见表 8-1。

四、服务外包对农业生产和农户收入影响的实证分析结果

服务外包与农业生产和家庭收入之间可能存在因果关系而产生内生性问题。有研究表明，服务外包不仅可以直接影响家庭福利效应（杨丹等，2019），同样家庭的经济发展水平也会直接影响农户是否选择服务外包行为及服务外包程度（穆娜娜等，2016）。因此，本书在考虑了工具变量的相关性（同群效应）和外生性条件之后，选择了"同村内除本身之外的其他农户的平均服务外包程度"作为工具变量。本书分别基于 FE 和 IV-FE 进行了实证分析，并进行了 Hausman 检验，检验结果显示卡方值为 4.01，P 值为 0.995，明显大于 0.1，表明可以拒绝工具变量的固定效应模型，因此，固定效应模型的结果具有稳健性。分析逻辑如下：首先分析整体环节和分环节服务外包对农业生产和农户收入的影响，然后分析不同生产环节服务外包对农业生产和农户收入水平的异质性影响，最后探究生产环节服务外包对农业生产和农业收入的影响机制。

（一）服务外包对农业生产的影响分析

1. 整体环节和分环节服务外包对农业生产的影响

本书分别考察了基于个体固定效应和个体与时间双向固定效应模型生产环节外包对农业生产的影响。在两个模型下，服务外包对农业生产影响的方向和影响程度都通过了显著性检验，且在加入时间要素之后，双向固定效应模型的 R^2 有所提高，说明此模型更好地解释了小麦生产环节外包对农业生产的影响。因此，本书直接报告基于个体和时间双向固定效应模型的实证结果，如表 8-2 和表 8-3 所示。

表 8-2 汇报了整体环节和分环节服务外包对农业生产的影响结果。从回归

表 8-1　主要变量的描述性统计分析

变量	变量解释	均值	标准差	最小值	最大值
农业生产	亩均产量的对数，斤/亩	6.796	0.230	5.639	7.863
农户收入	人均总收入的对数	9.376	0.891	4.605	12.762
资本投入	亩均物质要素投入的对数，包括种子、农药、化肥、机械和种子等费用，元/亩	6.032	0.252	3.497	7.405
劳动力投入	亩均劳动力投入的对数，包括自家劳动力和雇佣劳动力，元/亩	4.231	0.987	0.114	6.646
工业化水平	家庭非农收入/家庭总收入，%	0.523	0.359	0	1
户主特征					
年龄	岁	54.772	11.415	22	88
教育程度	文盲=1，小学=2，初中=3，高中及以上=4	2.712	0.835	1	4
家庭特征					
家庭总人口	家庭总人口	4.099	1.550	1	12
劳动力人数	人	2.687	1.194	0	9
家庭负担比	家庭老人、小孩数占家庭总人口比例，%	0.312	0.262	0	1
承包土地面积	亩	8.006	8.385	0.7	35
土地块数	块	3.093	2.064	1	13
农业资产价值	家庭农业资产等价值，万元	1.141	5.752	0	130.600
村级特征					
交通情况	到县近商业中心的距离，千米	6.326	5.005	0.1	25
经济状况（对数）	村级人均纯收入，万元	1.747	0.619	0.657	4.331
是否有合作社等经济组织	是=1，否=0	0.377	0.485	0	1

结果可以看出。服务外包程度整体环节的影响系数为 2.051，且在 1％的水平上通过显著性检验，说明整体环节服务外包程度每增加 1％，小麦产出会显著增加 2.051％。从劳动密集型和技术密集型环节外包影响的异质性来看，虽然两个模型系数均通过了显著性检验，但是相比较劳动密集型环节服务外包，技术密集型环节服务外包对农业生产的影响更大，这进一步说明技术密集型环节的技术含量更高，进而带来的技术外溢更明显，因此对农业生产的影响更大，此结论验证了假设 8-1。从时间固定效应来看，服务外包变量对农业生产的影响通过了显著性检验，且生产环节服务外包对提高小麦产出水平的促进作用随着时间的推移呈现出不断增加的趋势。

值得一提的是，资本和劳动力投入对农业生产的影响均比较显著，并且物质要素投入对农业生产率的提升作用明显高于劳动力要素的提升作用。同时可以看出，工业化水平对农业生产的影响为负向关系，可能的原因是，随着非农收入比重的提高，农户更倾向于将农业劳动力转移到非农就业部门，给农业生产带来负面影响。

表 8-2　整体和分环节服务外包对农业生产的影响结果

变量	整体环节	劳动密集型环节	技术密集型环节
服务外包程度	2.051*** (15.020)	1.673*** (10.420)	3.107*** (8.180)
资本投入	0.942*** (83.110)	0.982*** (86.390)	0.984*** (80.220)
劳动力投入	0.076*** (7.310)	0.053*** (4.780)	0.050*** (4.480)
工业化水平	−0.026 (−1.190)	−0.032 (−1.280)	−0.027 (−1.110)
2014 年	0.028** (2.070)	0.064*** (4.110)	0.001 (0.070)
2016 年	0.096*** (8.860)	0.129*** (10.410)	0.080*** (6.550)
常数项	−0.315*** (−3.200)	−0.165 (−1.480)	−0.127 (−1.210)
省份	控制	控制	控制
其他变量	控制	控制	控制
R^2	0.999	0.998	0.998

注：*** $P<0.01$，** $P<0.05$，* $P<0.1$；0.000 为保留了 3 位小数后产生的结果，而非 0；表格里汇报了系数和 t 值。

2. 不同生产环节服务外包对农业生产的影响

本部分将基于耕地环节、播种环节、植保环节和收割环节四种不同的生产环节外包程度对农业生产的影响进行实证分析，分析结果见表8-3。

如表8-3所示，耕地环节、播种环节、植保环节和收割环节四种不同的生产环节外包程度对农业生产的影响均为正值。但是不同生产环节服务外包对农业生产的影响具有异质性，此结论进一步验证了假设8-1。具体来看，植保环节外包对家庭收入水平的影响程度最大且为正值，这与陈超（2012）的研究结论一致。可能的原因是，植保环节是一个技术含量较高的环节，该环节外包带来的技术外溢更明显，因此对农业生产率的影响更大。其次是播种环节的影响程度，同样播种环节也是一个技术含量较高的环节，播种环节技术成熟，则会使种苗播种均匀，间隔合适且满足对水、光、热的需求，促进农业生产率的提高。从时间固定效应来看，耕地环节、播种环节、植保环节和收割环节四种不同的生产环节外包程度对农业生产的正向影响随时间的推移逐渐增加。

表8-3 不同生产环节服务外包对农业生产的影响结果

变量	耕地环节	播种环节	植保环节	收割环节
服务外包程度	1.584*** (7.860)	3.676*** (12.890)	4.928*** (3.390)	3.125*** (7.240)
资本投入	1.018*** (103.320)	1.018*** (112.320)	0.988*** (48.730)	0.986*** (77.860)
劳动力投入	0.028*** (2.700)	0.027*** (2.710)	0.049 8*** (3.130)	0.051*** (4.380)
工业化水平	−0.030 (−1.400)	−0.025 (−0.098)	−0.028 (−1.170)	−0.027 (1.230)
2014年	0.073*** (4.470)	0.020 (1.210)	0.024 (1.290)	0.046*** (3.020)
2016年	0.143*** (10.970)	0.102*** (7.980)	0.089*** (5.930)	0.103*** (8.390)
常数项	−0.084 (−0.720)	−0.065 (−0.580)	−0.099 (−0.900)	−0.119 (−1.100)
省份	控制	控制	控制	控制
其他变量	控制	控制	控制	控制
R^2	0.998	0.998	0.998	0.998

注：*** $P<0.01$，** $P<0.05$，* $P<0.1$；0.000为保留了3位小数后产生的结果，而非0；表格里汇报了系数和 t 值。

（二）服务外包对农户收入的影响分析

1. 整体环节和分环节服务外包对农户收入的影响

本书同样分别考察了基于个体固定效应和个体与时间双向固定效应模型生产环节外包对农户收入水平的影响。在这两个模型下，服务外包对农户收入水平影响的方向和影响程度上都通过了显著性检验，且在加入时间要素之后，双向固定效应模型的 R^2 有所提高，说明此模型更好地解释了小麦生产环节外包对农业生产的影响。因此，本书直接报告了基于个体和时间双向固定效应模型的实证结果，如表 8-4 和表 8-5 所示。

表 8-4 汇报了整体环节和分环节服务外包对农户收入的影响结果。从回归结果可以看出，整体环节服务外包指标通过了 10% 置信区间的检验且为正值，说明随着整体环节外包程度的增加会显著提高农户收入水平。服务外包程度整体环节的影响系数为 0.836，且在 1% 的水平上通过显著性检验，说明整体环节服务外包程度每增加 10%，农户收入会显著增加 8.36%。从劳动密集型和技术密集型环节外包影响的异质性来看，虽然两个模型系数均通过了显著性检验，但是相比较劳动密集型环节服务外包，技术密集型环节服务外包对农户收入的影响更大，这进一步说明技术密集型环节技术含量高，进而带来的技术外溢更明显，因此对农户收入的影响更大，此结论验证了假设 8-2。从时间固定效应来看，服务外包变量对农户收入的影响均没有通过显著性检验，但为正值。

表 8-4　整体和分环节服务外包对农户收入的影响结果

变量	整体环节	劳动密集型环节	技术密集型环节
服务外包程度	0.836***	1.049***	1.490***
	(3.830)	(3.670)	(2.980)
2014 年	0.015	0.004	0.036
	(0.440)	(0.110)	(0.970)
2016 年	0.021	0.010	0.032
	(0.620)	(0.300)	(0.900)
常数项	8.686***	8.717***	8.798***
	(30.090)	(30.540)	(30.660)
省份	控制	控制	控制
其他变量	控制	控制	控制
R^2	0.399	0.399	0.394

注：*** $P<0.01$，** $P<0.05$，* $P<0.1$；0.000 为保留了 3 位小数后产生的结果，而非 0；表格里汇报了系数和 t 值。

2. 不同生产环节服务外包对农户收入的影响

本部分将基于耕地环节、播种环节、植保环节和收割环节四种不同的生产环节外包程度对农户收入的影响进行实证分析，分析结果见表 8-5。

表 8-5　不同生产环节服务外包对农户收入的影响结果

变量	人均总收入			
	耕地环节	播种环节	植保环节	收割环节
服务外包程度	1.433***	2.088**	2.524**	1.790***
	(3.430)	(2.450)	(2.510)	(3.000)
2014 年	0.000	0.024	0.027	0.016
	(0.010)	(0.690)	(0.760)	(0.470)
2016 年	0.001	0.036	0.029	0.025
	(0.040)	(0.940)	(0.850)	(0.730)
常数项	8.792***	8.870***	8.814***	8.780***
	(31.450)	(30.770)	(30.700)	(30.020)
省份	控制	控制	控制	控制
变量	控制	控制	控制	控制
R^2	0.395	0.390	0.395	0.396

注：*** $P<0.01$，** $P<0.05$，* $P<0.1$；0.000 为保留了 3 位小数后产生的结果，而非 0；表格里汇报了系数和 t 值。

如表 8-5 所示，耕地环节、播种环节、植保环节和收割环节四种不同的生产环节外包程度对农户收入的影响均为正值，但不同环节服务外包的影响同样具有异质性，此结论进一步验证了假设 8-2。具体来看，植保环节外包对家庭收入水平的影响程度最大且为正值。同样因为植保环节是一个技术含量较高的环节，该环节外包带来的技术外溢更明显，因此对农业收入的影响更大。播种环节的影响程度次之，同样播种环节也是一个技术含量较高的环节，播种环节技术更成熟，技术带来的正向效应会显著促进农户收入水平的提高。从时间固定效应来看，在人均收入模型中，各生产环节外包对农户收入的时间影响趋势虽然没有通过显著性检验，但仍为正值，且影响系数随着时间的推移不断增加。

五、本章小结

本章节基于小麦 555 个农户的 3 年面板数据，分别从整体环节服务外包、分环节服务外包和不同环节服务外包多重视角综合分析生产环节服务外包对农业生产和家庭收入水平影响，得出如下结论：

（1）服务外包对农业生产的影响。整体环节、分环节和不同生产环节服务外包对农业生产的影响都通过了10％置信区间的检验且显著为正值，说明随着各环节外包程度的增加会显著提高农业生产率。同时，各环节服务外包对农业生产的影响具有异质性，植保环节外包对农业生产的影响程度最大且为正值。在技术密集型环节和劳动密集型环节的分类中，技术密集型环节对家庭农业生产影响更大。从时间固定效应来看，服务外包变量对农业生产的影响通过了显著性检验，且生产环节服务外包对提高小麦产出水平的促进作用随着时间的推移呈现出不断增加的趋势。

（2）服务外包对农户收入的影响。整体环节、分环节和不同生产环节服务外包对农户收入的影响通过了显著性检验且为正值，说明随着各环节外包程度的增加会显著提高农户收入。同时，各环节服务外包对农户收入的影响具有异质性，具体来看，相较于其他环节外包，植保（病虫害防治）环节外包对农户收入具有显著的正向影响且影响程度最大。同理，在技术密集型环节和劳动密集型环节的分类中，技术密集型环节对农户收入影响更大。从时间固定效应来看，服务外包变量对农户收入的影响虽然没有通过显著性检验，但为正值。

第九章　农地流转和服务外包对农业生产和农户收入的交互效应分析

一、问题的提出

推进农业规模经营，实现农业生产方式的转型是农业走向现代化的关键途径。现有研究认为，中国农业规模经营的实现路径主要有两个，一个是通过农地经营权流转形成的农地规模经营，一个是通过土地托管或服务外包实现服务规模经营。然而，宏观层面的农业规模经营发展必然有其微观基础。从微观农户行为选择方面，农地流转和服务外包行为分别是农户参与农地规模经营和服务规模经营两种规模经营的方式。通过前文的研究可以发现，农地流转和服务外包两种行为不是单独存在的，也不是非此即彼的，农地流转和服务外包具有相互促进的关联性。因此，农户农地流转和服务外包行为在促进农业增产和农户增收方面亦不是独立存在的，农地流转会通过影响农户的服务外包行为影响农户的农业生产和收入水平，同时农户的服务外包行为也会通过影响农户的农地流转行为实现农地规模经营，促进农户农业生产和收入水平提升。

在中国农业规模经营的实践过程中，农户的农地流转和服务外包行为对农业生产和农户收入的交互效应究竟是怎样的？是本书想要重点回答的问题。因此，本书根据 2013 年至 2017 年华北平原 3 省 10 县的微观调查数据，利用面板数据固定效应模型和动态面板 GMM 模型分析农户农地流转和服务外包在促进农业生产和农户收入中是如何相互作用的。

二、农地流转和服务外包对农业生产和农户收入交互效应的理论分析

农户农地流转行为和外包行为存在一种"推力-拉力"的互动规律，即农户通过农地流转行为可以促进农户服务外包行为（曲朦，2021），而服务外包行为同样会推动农地规模经营行为（杨子等，2019），这是农户分别参与农业规模经营的两个路径（张露和罗必良，2021）。服务外包一定程度上依赖农地的规模集中，同时会反过来促进农地规模经营的实现，最终实现农业生产率的提高和农户收入水平的增加。

一方面，农户农地流转通过促进农地转入形成农地规模经营，进而引致市场容量的增加，促进农户参与到社会分工中，内生出服务规模经济（罗必良，2017），促进农业生产和农户收入的增加。因此，农地流转形成的农地规模经营为服务外包提供了较大的市场容量和较高的交易频率，随着农户农地经营规模的增加，农户对劳动力的需求将不断增加，在劳动力约束较强的情况下，农户倾向于将农业生产中某些本应该由自身完成的工作通过服务外包形式完成，缓解劳动力约束。服务规模经营的前提是空间的聚集或者服务需求的聚集，即小农户通过农地流转形成了土地空间的聚集，通过集中性的选择服务外包形成了服务需求的聚集。具体表现为，规模经营农户通过转入土地实现了农地规模经营，并且随着土地规模的扩大，规模户对服务外包的需求会逐渐增强（王志刚等，2011），实现农户的"农地规模经济"；小农户通过购买外包服务可以诱导纵向分工，实现外部化的"服务规模经济"，而服务外包可以降低由农地流转导致的交易成本的增加，缓解农户由于交易费用导致的资本约束（张露和罗必良，2018），提高农业生产效率和农户收入水平的增加。

另一方面，农户选择服务外包参与到服务规模经营中有利于引致农户对土地的需求，促进农户进行农地流转增加农地经营规模，实现农业的规模经济，提高农户收入水平。农业社会化服务外包水平的提高对农地规模经营的增加产生相应的反馈作用，倒逼农户通过农地流转参与到农业经营规模中，以适应社会化服务水平的改变。具体表现为：服务外包通过缓解农户的劳动力约束、技术约束和资金约束，进而缓解其实现农地规模经营的约束，促进农地规模经营的发展（杨子等，2019）。另外，服务外包带来的服务规模经济会提高农户的规模经营潜力，改变其参与农地规模经营行为（姜松等，2016）。另外，服务供给主体为了节省服务成本，提高供给服务的收入，服务主体会倾向于已经实现了土地集中的农业经营主体，实现连片作业，甚至可能会促成类似的土地集中，实现农地规模化经营，实现农业增产和农民增收。

综上所述，农户农地流转和服务外包是实现农业增产和农户增收不可或缺的两面。农户通过农地转入促进农地经营规模的增加为服务规模经营的实现提供了较大的市场容量和较高的交易频率，促进农户做出选择购买服务的集体行动有利于服务规模经营的实现；同时，服务规模经营的实现同样有利于引致农户对农地的需求，促进农户转入土地实现农地规模经营，实现农业生产的规模经济和分工经济，提高农业生产和农户收入。因此，农地流转和服务外包二者之间存在明显的互动关系，如果相互适应协调，将会促进农业生产和农户收入的增长。

据此，本书提出如下研究假设：

假设 9-1：农户农地流转和服务外包行为对农业生产具有交互效应。

假设 9-2：农户农地流转和服务外包行为对农户收入具有交互效应。

三、农地流转和服务外包对农业生产和农户收入交互效应的模型设定

（一）样本说明

本章节运用连续跟踪法形成的 10 县 623 户农户的面板数据来分析农户农地流转和服务外包行为对农业生产和农户收入的交互效应。借助上一章节的分析，本章仍然使用 555 个小麦种植户的数据来分析，拟使用动态面板数据模型处理可能存在的内生性问题。

（二）模型设定

本章节在传统 C-D 生产函数中引入农地流转和服务外包变量，来考察服务外包和农地流转对农业生产和农户收入的交互影响。本书将继续使用家庭人均总收入作为农户收入的指标，使用亩均小麦产量作为农业生产的指标。由于家庭人均总收入、亩均小麦产量均是连续性变量，因此，农户农地流转和服务外包行为对农业生产和农户收入的影响可由如下面板数据模型估计：

$$\ln Z_{it}/Y_{it}=\alpha_1+\beta_1 OS_{0it}+\beta_2 LZ_{it}+\gamma X_{it}+\lambda_i+\theta_t+\varepsilon_{it} \quad (9-1)$$

借鉴高桂珍（2019）的研究，Z_{it} 是指农户 i 在第 t 期的收入水平，使用人均总收入的对数来表示。Y_{it} 是指农户 i 在第 t 期的农业生产率，使用小麦亩均产量的对数来表示。关键解释变量 LZ_{it} 为第 i 个农户第 t 期的农户农地流转行为（主要包括转入和转出行为）；OS_{0it} 为第 i 个农户第 t 期的服务外包行为，用整体环节外包服务水平表示。X_{it} 为一组影响农户农地流转行为的控制变量，本书进一步控制农户个体异质性和时间效应，模型将同时引入个体固定效应 λ_i 和时间固定效应 θ_t，ε_{it} 是特异扰动项。

为了探究农户农地流转和服务外包行为的交互作用对农业生产和农户收入的影响，本书拟增加农户参与农地流转和服务外包行为的交互效应，在式（9-1）的基础上增加农地流转和服务外包的乘积变量，即：

$$\ln Z_{it}/Y_{it}=\alpha_1+\beta_1 OS_{0it}+\beta_2 LZ_{it}+\beta_3 OS_{0it}\times LZ_{it}+\gamma X_{it}+\lambda_i+\theta_t+\varepsilon_{it}$$

$$(9-2)$$

为解决模型的内生性问题和滞后期的影响，本书采用动态面板模型，将被解释变量的滞后项纳入模型中，以提高估计结果的准确性。因此将式（9-2）改为动态面板数据模型的形式，见式（9-3）。

$$\ln Z_{it}/Y_{it} = \alpha_1 + \beta_0 \ln Z_{it-1}/Y_{it-1} + \beta_1 OS_{0it} + \beta_2 LZ_{it} +$$
$$\beta_3 OS_{0it} \times LZ_{it} + \gamma X_{it} + \lambda_i + \theta_t + \varepsilon_{it} \qquad (9-3)$$

其中，$\ln Z_{it-1}$ 和 $\ln Y_{it-1}$ 分别表示第 i 个农户第 $t-1$ 期的农业生产和农户收入情况，即被解释变量的滞后项。

（三）变量选择

（1）被解释变量。①农业生产率（lnY）：农业生产率为样本农户的小麦单产水平，单位为斤/亩。②农户收入（lnZ）：农户收入为样本农户家庭的人均总收入，单位为元/（人·年）。

（2）核心解释变量。①农地流转变量：农地流转包括农地流出和农地流入，因此，本书从农地流转决策的两个方面来分析农户的农地流转行为，其中包括是否流转（是否转入和是否转出两个变量）。②农户服务外包行为：本章节用整体环节服务外包程度来表示农户的服务外包行为。

（3）控制变量。本书选择 4 个控制变量组来避免遗漏变量的影响。第一组为种植决策者特征变量组，包括户主性别和受教育程度。第二组为家庭特征变量组，包括家庭成员人数、家庭劳动力数量、家庭负担比、家庭人均纯收入以及人情支出占比。第三组为承包土地面积、细碎化程度以及农业生产性固定资产。第四组为地区特征变量组，选取村庄经济发展水平、村庄地理位置、是否有新型农业经营组织以及省份虚拟变量对不同地区自然环境、资源禀赋和社会经济条件等外部环境因素进行控制。

四、农地流转和服务外包对农业生产和农户收入交互效应的实证分析结果

本书首先通过 Pearson 和 Spearman 相关性检验，发现变量之间没有较强的共线性问题。同时，模型检验中也是用 VIF 膨胀因子法对共线性问题进行检测，发现除了农户两种参与行为的交互项的 VIF 值稍高（但仍低于 10）外，其余指标的值均比较低，也表明模型不存在严重的共线性问题。

（一）农地流转和服务外包对农业生产的交互效应分析

表 9-1 列出了固定效应模型（FE-OLS）和动态面板模型（GMM 模型）估计结果。本书运用固定效应模型作为基准回归来验证农户参与两种规模经营方式对农业生产的交互效应。同时，为了减少内生性问题，本书将农业生产的滞后一期数据当作工具变量进行 GMM 模型实证分析作为基准回归的稳定性检验。通过对 GMM 模型进行 Arellano-Bond 检验和 Sargan 检验，结果均不

显著，说明模型不存在扰动项差分二阶自相关和工具变量的过度识别问题，模型估计结果有效。两种模型的结果具有一定的稳定性，以下分析以固定效应模型的结果为准。

表 9-1　农地流转和服务外包对农业生产的交互效应结果

变量	FE-OLS		SYS-GMM	
农业生产（−1）			0.089	0.064
			(1.230)	(0.910)
服务外包	29.640***	22.974***	32.124***	28.938***
	(41.810)	(27.150)	(7.340)	(3.100)
农地转入	0.754*		4.689*	
	(1.940)		(1.720)	
服务外包×农地转入	2.851**		16.168**	
	(2.430)		(2.130)	
农地转出		−3.183***		−6.188**
		(−8.810)		(−2.200)
服务外包×农地转出		−9.622***		−8.347
		(−9.120)		(−1.170)
其他变量	控制		控制	
常数项	−0.618***	−0.180	−7.577	−1.702
	(−3.750)	(−0.130)	(−1.702)	(−0.250)
2014 年	−0.831***	−0.281*	−0.712	−1.755
	(−4.700)	(−1.750)	(−0.28)	(−0.65)
2016 年	−2.831**	−0.396**	−0.834	−1.752
	(−2.040)	(−2.220)	(−0.340)	(−0.68)
R^2	0.735	0.752		
F 值	161.31	176.59		

注：*** $P<0.01$，** $P<0.05$，* $P<0.1$；0.000 为保留了 3 位小数后产生的结果，而非 0；表格里汇报了系数和 t 值。

首先，分析农地流转在服务外包影响农业生产中的交互效应。如表 9-1 所示，服务外包对农业生产具有显著的正向影响，说明服务外包本身有利于促进农业增产。从交互项来看，服务外包与农地转入变量的交互项对农业生产同样具有显著的正向影响，这说明农地转入能显著加强服务外包对农业生产的正向影响；同理，服务外包与农地转出的交互项具有负向影响，说明农地转出则会降低服务外包对农业生产的正向影响，或者说农地转出变量对农业增产的负向影响掩盖了服务外包对农业增产的促进作用。因此，农户可以通过农地流转行为影响服务外包对农业生产的作用。

其次，分析服务外包在农地流转影响农业生产中的交互效应。农地流转变量中，农地转入变量对农业生产有显著的正向影响，农地转出变量对农业生产具有显著的负向影响，这说明通过农地转入实现的农地规模经营有利于促进农业生产和农民增收。在交互项方面，农地转入变量和服务外包的交互项对农业生产具有显著的正向影响，这说明服务外包能显著增加农地转入对农业生产的正向效应。农地转出变量和服务外包的交互项对农业生产的影响为负，且负向系数增加，说明服务外包加强了农地转出变量对农业生产的负向影响，交互效应掩盖了农地转出在服务外包不同水平上的效应量的差异。总体来看，农户农地流转和服务外包行为对农业生产具有交互效应，验证了假设 9-1。

（二）农地流转和服务外包对农户收入的交互效应分析

这部分同样使用固定效应模型和动态面板模型对农户农地流转和服务外包行为对农户收入的交互效应进行实证分析，探究农户的两种行为在促进农业收入中的交互影响。实证结果见表 9-2。

表 9-2 为农地流转和服务外包对农户收入的交互效应结果。首先，分析农地流转在服务外包影响农业收入中的交互效应。服务外包对农户收入具有显著的正向影响，说明服务外包本身有利于促进农户增收。从交互项来看，服务外包与农地转入变量的交互项、服务外包与农地转出的交互项对农户收入均没有通过显著性检验，这说明农地流转可能并不能显著影响服务外包对农户收入的作用。因此，农户的农地流转行为难以影响服务外包对农户收入的作用。其次，分析服务外包在农地流转影响农户收入的交互效应。农地流转变量中，农地转入和农地转出变量对农户收入均有显著的正向影响，这说明通过农地流转实现的农地规模经营有利于促进农民增收。在交互项方面，农地转入变量和服务外包的交互项、农地转出变量和服务外包的交互项对农户收入的影响同样没有通过显著性检验，这说明服务外包难以调节农地转入对农户收入的影响。总体来看，农户参与两种规模经营的行为对农户收入方面不具有交互效应，与假设 9-2 相反。可能的原因是，对农业生产来说，不论是农地流转还是服务外包都可以看作是农业生产过程中的土地和技术要素的直接投入，因此会对农业生产率产生直接的显著影响，要素之间的投入具有一定的不可分性，因此农户农地流转和服务外包行为对农业生产的影响具有交互效应。对农户收入来说，

两种参与规模经营的方式在分别影响农户收入中均具有较强的直接影响，但其交互效应需要通过不同的路径影响农户收入，难以直接提高农户收入，因此其交互效应不能直接作用于农户收入。这种影响路径的探索也为以后的研究提出了一种挑战。

表 9 - 2　农地流转和服务外包对农户收入的交互效应结果

变量	农户收入			
	FE-OLS		SYS-GMM	
农户收入（−1）			0.211 (1.070)	0.227 (1.160)
服务外包	0.777*** (4.390)	0.765*** (3.430)	1.065 (1.010)	1.174 (0.800)
农地转入	0.498*** (5.110)		0.929 (1.080)	
服务外包×农地转入	0.094 (0.320)		(0.632) (−0.430)	
农地转出		0.194** (2.030)		0.074 (0.100)
服务外包×农地转出		−0.023 (−0.080)		−0.310 (−0.160)
其他变量	控制		控制	
常数项	0.041 (1.000)	−0.018 (−0.420)	9.979*** (3.070)	10.182*** (3.080)
2014 年	0.076* (1.700)	0.019 (0.410)	−0.470 (−0.580)	−0.540 (−0.630)
2016 年	8.646*** (24.860)	8.888*** (24.560)	−0.371 (−0.480)	−0.444 (−0.550)
R^2	0.424	0.400		
F 值	42.950	38.820		

注：*** $P<0.01$，** $P<0.05$，* $P<0.1$；0.000 为保留了 3 位小数后产生的结果，而非 0；表格里汇报了系数和 t 值。

五、本章小结

中国农业经营方式转型的实现路径主要有两个，一个是通过农地经营权流转形成的农地规模经营，一个是通过土地托管或服务外包实现服务规模经营。有研究提出，农地规模经营难以实现农业规模经营，农业规模经营的方式创新的重要路径就是要从基于农地流转形成的农地规模经营向基于农业生产环节外包的服务规模经营转型（胡新艳等，2015）。本书认为农地流转和服务外包两种行为在促进农业方式转变、农业生产和农户收入方面不是单独存在的。首先，服务外包市场的发育通过缓解家庭劳动力、资本和技术约束，从而使农户对农地投入产生需求，促进农地经营规模和规模经济的实现，进而促进农业生产效率的提高和农户收入的增加。其次，农地流转及其规模经营有利于农户将生产环节外包，实现服务规模经济，进一步促进农业增产和农户增收。因此，本章节通过构建动态面板数据模型，并结合 2012—2016 年 555 户小麦种植户对农户农地流转和服务外包对农业生产和农户收入的交互效应进行实证检验。本章的主要研究结论是：

（1）农地流转和服务外包对农业生产具有交互效应。从单变量来看，服务外包对农业生产具有显著的正向影响，说明服务外包本身有利于促进农业增产。农地转入变量对农业生产有显著的正向影响，农地转出变量对农业生产具有显著的负向影响。从交互项来看，农地转入变量和服务外包的交互项对农业生产具有显著的正向影响，农地转出变量和服务外包的交互项对农业生产的影响为负。这说明，农户可以通过服务外包强化农地流转对农业生产的影响，同时，农户也可以通过农地流转行为影响服务外包对农业生产的作用，即农户农地流转和服务外包行为对农业生产具有交互效应。

（2）农地流转和服务外包对农户收入的交互效应不显著。服务外包和农地流转对农户收入具有显著的正向影响，说明服务外包和农地流转本身均有利于促进农户增收。从交互项来看，服务外包与农地转入变量的交互项、服务外包与农地转出的交互项对农户收入均没有通过显著性检验，这说明农地流转不能显著影响服务外包对农户收入的作用，而服务外包难以调节农地转入对农户收入的影响。总体来看，农地流转和服务外包对农户收入方面并不具有交互效应。可能的原因是，对农业生产来说，不论是农地流转还是服务外包都可以看作是农业生产过程中的土地和技术要素的直接投入，因此两种行为的交互项会对农业生产率产生直接的显著影响，而难以直接影响农户收入。

第五篇

对 策 篇

第十章　主要研究结论和政策建议

一、主要研究结论

本书在回顾国内外农业规模经营相关文献的基础上，以规模经营理论、交易成本理论、农业分工理论、委托代理理论和农户行为理论为指导，将山东、河南和安徽 3 省 10 县 623 户农户为研究对象，基于 2013 年至 2017 年实地调研获取的农户三次长期跟踪面板数据，利用面板 Logit 模型、面板 Tobit 模型、混合效应模型、PSM-DID 模型、固定效应模型及动态面板 GMM 模型等实证研究方法，就农户农地流转和服务外包行为及影响进行实证研究。具体过程如下：首先将农户农地流转和服务外包行为纳入统一逻辑框架中，沿着农地流转与服务外包行为及效应的路线展开研究，首先剖析农户农地流转和服务外包行为的关联性及农地流转和服务外包行为的影响因素；其次分析农地流转和服务外包对农业生产和农户收入的影响；最后探究农地流转和服务外包对农户农业生产和农户收入的交互影响。基于研究结论提出通过农地流转和服务外包实现中国农业规模经营和农业现代化的相关政策建议。本书的主要结论如下：

（一）农户农地流转和服务外包具有相互促进的关联性

本书运用固定效应模型和动态面板 GMM 模型对农地流转和服务外包之间的关联性进行了实证分析。结果表明，从服务外包对农地流转行为的影响来看，滞后一期的服务外包行为有利于促进农地转入，但会抑制农地转出；即服务外包更有利于促进农户转入土地，促进农地规模经营。基于经营规模的异质性分析可知，服务外包对大规模农户转入土地的促进作用更大，而对小规模农户转出土地的促进作用更大。从农地流转对农户服务外包行为的影响来看，农地转入变量的滞后期对农户服务外包行为具有显著的正向影响，而农地转出变量的滞后期对农户服务外包行为具有显著的负向影响；且农地转入对服务外包的促进作用大于农地转出变量对服务外包的抑制作用。基于经营规模的异质性分析可知，农地经营规模与服务外包呈现倒 U 形曲线，拐点为 42.495 亩，说明农地经营规模在一定范围内会先促进农户服务外包，超过一定规模以后，农户将从服务外包转向自购机械，完成从服务外包的需求者向服务外包供给者转变。因此，基于上述分析可知，农户的农地流转和服务外包之间并不是非此即彼的对立关系，而是具有互相促进的两种实现农业规模经营的农户参与方式。即服务外包促进大规模农地转入，小规模农户农地转出，进而实现农地规模经营；而农户通过转入农地实现的规模经营在一定程度上也能促进农户服务外包行为的选择。

（二）农户的行为能力、交易特性和外部环境是农户参与农地流转和服务外包的重要因素

农户是否参与农地流转和选择将生产环节外包的行为不仅受农户生产经营能力、交易经营能力等自身拥有的内在资源禀赋的影响，同样会受到外部环境的影响。基于面板 Logit 模型及 Tobit 模型分析影响农地流转和服务外包的因素。实证结果显示：首先，本书将农户的行为能力分为农业生产经营能力和交易经营能力两个层面。对农地流转来说，农户的行为能力（生产经营能力和交易经营能力）对农地转入行为具有显著的正向影响，对农地转出具有显著的负向影响。对服务外包行为来说，农户行为能力中的处置能力和交易能力对服务外包具有显著的正向影响，而排他能力在模型中没有通过显著性检验。这表明，农户农业生产的处置能力越强，对资源配置的决策能力和评价能力越强，在外包交易谈判过程中具有比较优势，对权益分享的选择空间大，将激励服务外包行为。其次，农户的交易特性使用资产专用性和规模性来表示，农户的资产专用性越弱，农户越倾向于选择服务外包；规模性越大，越有利于促进农户服务外包。最后，农地流转租金既能促进农户的转入行为也能促进农户的转出行为，可能的原因是，农地流转租金的价格越高，对转出户来说意味着更多的收入，越有利于促进农地转出行为，对转入户来说租金更高意味着更稳定的流转市场，促进其长期投资激励其转入土地实现农地的规模经营行为；服务外包的平均价格对整体环节和劳动密集型环节的服务外包行为具有显著的抑制作用，这说明农地流转租金和服务外包价格等亦是影响农地流转和服务外包的关键因素。

（三）农地流转提高了转入户农业生产的比较效益，但由农地流转及规模经营带来的成本效益的优势正在减弱

本书运用面板数据固定效应模型，从单位产出、单位利润和单位成本等方面综合分析农地流转及其经营规模对农业生产的影响，以及这种影响在不同时期的差异性变化。实证结果显示：首先，农地流转后的农地经营规模对小麦的单位产量和生产成本都具有显著的负向影响，而对单位利润具有显著的正向影

响，说明农户经营规模没有带来单位产量的显著增加，但确实大大降低了平均成本，提高了小麦的单位利润。其次，从扩大农地经营规模对粮食生产的影响来看，交互相系数 $M_i \ln(S)$ 在产量和利润模型上为倒 U 形曲线，而在平均成本模型中交互项系数值表示为 U 形曲线，转折点均在 $1\sim1.333$ 公顷，表明适度的粮食生产规模在 $1\sim1.333$ 公顷。再次，将农地流转分为农地转入和农地转出，转入变量对小麦的亩均产量和生产成本都具有显著的正向影响，但总体效应表现为亩均利润的增加，说明转入土地扩大经营规模能促进小麦比较效益的增加。最后，随着时间的推移，农户经营规模对粮食产量和平均成本的反作用正在减弱。这表明，随着国家后续政策的出台和农村市场条件的逐步改善，规模效应减弱的趋势有所改变，但规模经营带来的成本效益的优势也在减弱。原因可能是随着粮食生产各环节机械对劳动的替代以及农地流转市场的迅速发展，经营规模农户没能很好地控制机械化服务价格和农地流转成本。

（四）农地流转提高了农户家庭的总体收入水平，且不同流转类型农户的收入增长路径不同

本书运用 PSM-DID 模型，分别从多年期和分阶段两个视角综合分析了农地流转对农民收入水平和收入结构的影响及其时间趋势。实证结果显示：首先，参与农地流转（转入户和转出户）的农户较未参与农地流转农户具有更高的收入水平。其次，从农户类型和收入结构来看，转入户的家庭总收入、农业生产经营收入和转移性收入显著提高，财产性收入显著降低；而转出户的家庭总收入和财产性收入显著提高，农业经营收入显著降低。最后，分阶段数据表明，从收入水平来看，农地转入和转出对家庭人均总收入的促进效应随时间表现为相同的影响趋势，即表现为先上升后下降的趋势。说明随着农地流转政策的不断深入，农地流转的收入效应也会增加，但在经历过一段时间的释放后，收入效应会逐渐下降；同时，可以看出，农地转入对农户人均收入水平的提高作用大于农地转出的收入效应。从收入结构来看，农地转入户的家庭农业经营收入效应随时间变化表现出逐渐增加的趋势，而财产性收入的促进作用随着时间的变化逐渐下降。农地转出对家庭农业经营收入的负向作用及对家庭财产性收入的正向影响均随着时间变化逐渐下降。

（五）服务外包显著提高了农户农业生产和农户收入水平

本书主要分析服务外包对农业生产和农户收入的影响，其中农业生产用农业生产率表示，家庭收入水平用人均总收入表示；在此基础上从家庭资源配置和农业专业化分工探究服务外包对农户收入的影响机制。研究结果显示：首

先，服务外包对农业生产的影响。整体环节、分环节和不同生产环节服务外包对农业生产的影响都通过了10％置信区间的检验且显著为正值，说明随着各环节外包程度的增加会显著提高农业生产率。同时，各环节服务外包对农业生产的影响具有异质性，具体来看，相较于其他环节外包，植保（病虫害防治）环节外包对农业生产具有显著的正向影响且影响程度最大。同理，在技术密集型环节和劳动密集型环节的分类中，技术密集型环节对家庭农业生产影响更大。从时间固定效应来看，服务外包变量对农业生产的影响通过了显著性检验，且生产环节服务外包对提高小麦产出水平的促进作用随着时间的推移呈现出不断增加的趋势。其次，服务外包对农户收入的影响。整体环节、分环节和不同生产环节服务外包对农户收入的影响通过了显著性检验且为正值，说明随着各环节外包程度的增加会显著提高农户收入。同时，各环节服务外包对农户收入的影响具有异质性，具体来看，相较于其他环节外包，植保（病虫害防治）环节外包对农户收入具有显著的正向影响且影响程度最大。同理，在技术密集型环节和劳动密集型环节的分类中，技术密集型环节对农户收入影响更大。从时间固定效应来看，服务外包变量对农户收入的影响虽然没有通过显著性检验，但为正值。

（六）农户农地流转和服务外包行为对农业生产具有交互效应，但对农户收入不存在交互效应

本书运用固定效应模型和动态面板 GMM 模型分析农地流转和服务外包对农业生产和农户收入的交互影响。研究显示：在农地流转和服务外包对农业生产的交互效应影响中，其效应是显著的。服务外包对农业生产具有显著的正向影响，说明服务外包本身有利于促进农业增产。从交互项来看，服务外包与农地转入变量的交互项对农业生产同样具有显著的正向影响，服务外包与农地转出的交互项具有负向影响，说明农户可以通过农地流转行为影响服务外包对农业生产的作用。同理，农地转入变量对农业生产有显著的正向影响，农地转出变量对农业生产具有显著的负向影响。从交互项来看，农地转入变量和服务外包的交互项对农业生产具有显著的正向影响，农地转出变量和服务外包的交互项对农业生产的影响为负，因此，农户可以通过服务外包强化农地流转对农业生产的影响。总体来看，农户农地流转和服务外包行为对农业生产具有交互效应。在农地流转和服务外包对农户收入的交互影响中，结果表明交互效应不显著。服务外包和农地流转对农户收入具有显著的正向影响，说明服务外包和农地流转本身均有利于促进农户增收。从交互项来看，服务外包与农地转入变量的交互项、服务外包与农地转出的交互项对农户收入均没有通过显著性检

验，这说明农地流转不能显著影响服务外包对农户收入的作用，而服务外包难以调节农地转入对农户收入的影响。总体来看，农地流转和服务外包对农户收入方面没有交互效应。可能的原因是，对农业生产来说，不论是农地流转还是服务外包都可以看作是农业生产过程中的土地和技术要素的直接投入，因此两种行为的交互项会对农业生产率产生直接的显著影响，而难以直接影响农户收入。

二、政策建议

（一）加强农户农业生产技能培训，提高农户的行为能力和交易特性

本书的研究结论表明，农户参与农业规模经营的行为不仅受到农户生产经营能力、交易经营能力等自身拥有的内在资源禀赋的影响，同样会受到外部环境的影响。首先，农户的行为能力包括农户的生产经营能力和交易经营能力，家庭中农机购置情况以及农机价值都会促进农户转入农地实现农业规模经营，因此应加强政府在购置农机具方面的补贴力度，促进农户增加其农业经营固定资产的投资，提高农户的生产经营能力和交易经营能力。其次，农户行为能力中的处置能力和交易能力指标中，单产水平和是否有合作组织等均对服务外包具有显著的正向影响。因此，从提高农户农业生产技能、增加农户培训等角度提高农户的农业生产效率，进一步促进农户参与农业规模经营行为。同时，中央政府有必要对合作社等新型农业经营组织给予一定的政策支持，有效促进小农户与现代农业的衔接。最后，农地流转租金和服务外包价格均会显著地影响农户参与农业规模经营行为，因此，政府应该从盘活农地流转市场角度出发，促进农户参与农地流转的市场化程度，促进转入户长期投资激励其转入土地和转出户稳定地退出农地流转市场，实现农地的规模经营行为；同时稳定生产环节服务外包价格市场，进而降低农业生产成本，提高农业生产效率，刺激农民的种粮积极性，促进农户参与农业规模经营。

（二）加大对现代农业经营主体补贴力度，提高农业生产效益

首先，本书中关于农户经营规模与单位产出负相关性的结论符合传统农业中土地生产率与耕地面积负相关的总体结论。现实中，农户经营规模的扩大主要通过租用其他农户的地块来实现，扩大农户经营规模不仅不会直接扩大经营总面积，而且会增加农户经营的块数。因此，在今后制定农地规模经营政策时，中央政府应把扩大农地整体经营规模作为当务之急。

其次，农地经营适度规模在 1～1.333 公顷（15～20 亩），这一结果对粮

食主产区具有一定的现实意义，即适量的粮食生产规模在确保粮食安全的同时可以增加居民收入。我国现实中的主要问题是经营规模过小，效益低，制约了粮食生产的发展。在农地流转市场的推动下实现农地的规模经营已成为基本共识（倪国华和蔡昉，2015）。然而，规模经营不仅是经营面积的简单变化，也是整个生产方式的飞跃性发展。在这个过程中，基础设施建设、机械设备配套、新型农业经营主体培育、社会服务体系和生产要素市场建设等都需要相应改变。因此，适度规模的操作不可能在一夜之间完成。现阶段决策者应做的是为适度规模的稳定有序发展创造条件。

最后，随着时间的推移，农户经营规模对粮食产量和平均成本的反作用正在减弱。可能的原因是随着粮食生产各环节机械对劳动的替代以及农地流转市场的迅速发展，规模经营户在增加规模的同时，服务外包成本不能很好地得到控制，难以实现农业服务外包从需求者向供给者的转变；同时土地的租赁价格随着规模经营的增加也不能得到有效控制。因此，实现农业现代化，不仅要实现土地的规模经济，同时应实现其他生产要素的规模经济，最终实现"节本增效"。家庭农场等现代化农业经营主体必然是未来中国的农业生产主体，因此，中央政府有必要对现代农业经营主体进行相关补贴，如"粮食生产经营补贴""大规模种植农民补贴"等，进而降低农业生产成本，提高农业生产效率，刺激农民的种粮积极性，保障国家粮食安全有效供给。

（三）推动不同类型的农地流转，提高农户家庭收入水平

本书的研究结论表明推进农地流转是促进农户家庭收入增长的一个新途径，因此具有一定的政策含义。首先，稳定的产权有利于农地资源的优化配置，政府应在"三权"分置背景下彻底厘清土地的产权边界和权属关系，推动落实农村土地的确权和权证登记；把农地流转市场的培育作为关键任务，稳定土地承包权，放活土地的经营权，促进土地的流转和集中。其次，农地流转可以提高农户家庭收入水平，我们需要让更多的家庭拥有参与农地流转的资格和能力。一方面要促进非农经济的发展，给农户提供更多的进城务工机会，完成农村剩余劳动力的转移，使更多的农户成为土地转出者；另一方面应不断提高农业生产技术，加强农业新技术的推广，并为农户提供足够的金融支持，从而使更多的农户成为土地转入者。最后，政府应不断完善加大对农村职业教育的投入，提供农村劳动力非农就业指导和培训，为农地流转创造条件，增加转出农户的非农务工收入，缩小农户与非农经营户之间的收入差距。同时关注收入较低的务农户，为其提供相应的农地流转信贷支持，提高农民转入土地的机会和能力，缩小大规模农户和小规模农户之间的收入差距。

（四）完善服务外包市场和非农就业市场，促进农业增产农民增收

首先，整体来看，服务外包会显著影响农户的农业增产和农民增收，因此应继续推进土地托管、服务外包等社会化服务组织形式，促进服务规模经营，实现增产增效的目标。中央 1 号文件从顶层设计角度来促进农业社会化服务的发展，仍需要推动一定的措施使顶层设计落地，比如要完善社会化服务市场，需要规范服务外包市场的质量标准，实现服务质量的转型升级满足各生产主体对服务的需求；同时要稳定服务外包价格，积极推动小农户参与到服务规模经营中，提高农业生产效率；还需制定风险防范机制，提高服务外包助推的专业水平，进而更好地为农户服务，最终实现小农户和服务外包主体之间的联立合作，实现小农户与现代农业的对接。其次，不同生产环节外包的农业增产和农户增收福利存在差异，因此要有针对性地提高影响农业生产和农户增收的重点环节的服务水平。一方面要从技术手段突破某些生产环节发展瓶颈，另一方面从社会角度加强对薄弱生产环节服务的帮扶，提高社会化服务主体的全产业链服务能力，真正做到将农户的需求和服务的供给进行匹配。最后，劳动力市场是链接服务外包市场和土地流转市场的桥梁，其通过增加农户非农就业机会促进农地转出，农地的转出必然伴随着农地的转入，因此可以实现农地规模经营；非农就业还可以通过影响农业的劳动力供给，促进农户选择服务外包，进一步推动服务外包市场发育促进服务规模经营的实现。因此，要大力发展劳动力市场，一方面需完善宏观层面的户籍制度改革以消除劳动力流动的制度壁垒，另一方面需完善微观层面的就业信息共享以消除劳动力流动的信息壁垒，以稳定及可持续为指导思想推动完善农村劳动力非农就业权益保障体系，以签订合同为关键标准规范劳动力就业，提高非农就业水平和收入水平。

（五）推动传统农业经营方式转型，实现农业的规模化经营

基于本书结论，为更好地促进农业经营方式的转变，提出以下政策建议。首先，服务外包水平有利于促进农地流转市场的发展，通过促进农地转入实现农地规模经营，因此要提高农户的服务外包水平。农户的服务外包需求不仅与农户自身的家庭资源禀赋有关，与社会化服务外包市场供给也息息相关。现有的服务外包市场存在服务与供给不匹配，服务体系不健全、服务对象覆盖不全面以及难以提供覆盖全产业链的服务等问题，针对这些问题，政府层面需要给予一定的资金、技术和制度支持，推动社会化服务组织主体的发展，克服社会化服务组织发展过程中因资金不足导致的服务供给较少，因技术难题导致的服务体系不健全和专业化水平等问题。服务组织和服务市场的完善有利于推动传

统农业经营方式向专业化、规模化、现代化转型。其次，规模经营在一定程度上可以提高农户服务外包程度，因此要提高小农户的生产组织化程度。由于小农户分散而细碎化的服务需求难以支撑农业社会化服务主体的最低服务规模要求，市场容量难以激发社会化服务主体的服务供给，因此小农户的服务需求也得不到满足。需要培养家庭农场、合作社、农业企业等新型农业经营主体，将小农户与服务组织联系起来，提高小农户在市场中的谈判能力，增加小农户对社会化服务的可及性，形成服务型的专业化、集约化和规模化农业生产。最后，结合实际情况有针对性地采取措施发展农业规模经营。针对小农户，政府应为确保小农户能对接服务主体，为小农户提供服务外包的优惠政策，促进小农户参与到服务规模经营中；针对规模户，政府在规模户购买农用机械时通过给予一定的补贴缓解规模户的资金约束，促进规模户完成从服务需求者向服务供给者的转变，为小农户提供市场空间。

参 考 文 献

蔡昉，李周，1990. 我国农业中规模经济的存在和利用 [J]. 当代经济科学，000（2）：
　25 - 34.

蔡昉，王美艳，2016. 从穷人经济到规模经济——发展阶段变化对中国农业提出的挑战
　[J]. 经济研究，051（5）：14 - 26.

蔡键，邵爽，刘文勇，2016. 农地流转与农业机械应用关系研究——基于河北、河南、山
　东三省的玉米机械化收割的分析 [J]. 上海经济研究（12）：89 - 96.

蔡键，唐忠，朱勇，2021. 要素相对价格，土地资源条件与农户农业机械服务外包需求
　[J]. 中国农村经济（8）：18 - 28.

蔡洁，夏显力，2017. 农地确权真的可以促进农户农地流转吗？——基于关中-天水经济区
　调查数据的实证分析 [J]. 干旱区资源与环境，31（7）：28 - 32.

蔡荣，蔡书凯，2014. 农业生产环节外包实证研究——基于安徽省水稻主产区的调查 [J].
　农业技术经济（4）：34 - 42.

曹东勃，2014. 农业适度规模经营的理论渊源与政策变迁 [J]. 农村经济，000（7）：
　13 - 18.

曹铁毅，周佳宁，邹伟，2021. 规模化经营与农户农机服务选择——基于服务需求与供给
　的二维视角 [J]. 西北农林科技大学学报：社会科学版，21（4）：141 - 149.

曹阳，胡继亮，2010. 中国土地家庭承包制度下的农业机械化——基于中国 17 省（区、
　市）的调查数据 [J]. 中国农村经济（10）：57 - 65.

陈飞，田佳，2017. 农业生产投入视角下农户借贷的福利效应研究 [J]. 财经问题研究，
　000（10）：110 - 118.

陈超，李寅秋，廖西元，2012. 水稻生产环节外包的生产率效应分析——基于江苏省三县
　的面板数据 [J]. 中国农村经济（2）：86 - 96.

陈超，唐若迪，2020. 水稻生产环节外包服务对农户土地转入的影响——基于农户规模分
　化的视角 [J]. 南京农业大学学报（社会科学版），20（5）：156 - 166.

陈飞，翟伟娟，2015. 农户行为视角下农地流转诱因及其福利效应研究 [J]. 经济研究
　（10）：163 - 177.

陈海磊，史清华，顾海英，2014. 农户农地流转是有效率的吗？——以山西为例 [J]. 中
　国农村经济（7）：61 - 71.

陈和午，聂斌，2006. 农户土地租赁行为分析——基于福建省和黑龙江省的农户调查 [J].
　中国农村经济（2）：42.

陈宏伟，穆月，2019. 农业生产性服务的农户增收效应研究——基于内生转换模型的实证 [J]. 农业现代化研究，40（3）：403-411.

陈江华，罗明忠，2018. 农地确权对水稻劳动密集型生产环节外包的影响——基于农机投资的中介效应 [J]. 广东财经大学学报，33（4）：98-111.

陈杰，苏群，2017. 农地流转、土地生产率与规模经营 [J]. 农业技术经济（1）：28-36.

陈军民，王娟，2019. 家庭农场农地流转契约关系缔结选择的实证研究 [J]. 江苏农业科学，47（7）：291-296.

陈美球，肖鹤亮，何维佳，等，2007. 耕地流转农户行为影响因素的实证分析——基于江西省1396户农户耕地流转行为现状的调研 [J]. 自然资源学报，23（3）：369-374.

陈锡文，2016. 创新农业经营体系"两条腿"走路是重中之重 [J]. 农村工作通讯（22）：39.

陈锡文，2014. 农业转移人口市民化须解决四个问题 [N]. 人民日报，2014-06-23.

陈锡文，2015. 中国农业发展形势及面临的挑战 [J]. 农村经济（1）：14-16.

陈相泼，王梦婷，胡新艳，2020. 确权、市场信念与农地流转契约选择：一个理论分析框架 [J]. 新疆农垦经济（2）：41-45，93.

陈义媛，2017. 土地托管的实践与组织困境：对农业社会化服务体系构建的思考 [J]. 南京农业大学学报（社会科学版）（6）：120-130.

陈奕山，钟甫宁，2017. 代际差异、长期非农收入与耕地转出稳定性 [J]. 南京农业大学学报（社会科学版），17（3）：112-120，159.

陈昭玖，胡雯，2016. 农业规模经营的要素匹配：雇工经营抑或服务外包——基于赣粤两省农户问卷的实证分析 [J]. 学术研究（8）：93-100.

程令国，张晔，刘志彪，2016. 农地确权促进了中国农村土地的流转吗 [J]. 管理世界（1）：88-98.

褚保金，卢亚娟，张龙耀，2009. 信贷配给下农户借贷的福利效果分析 [J]. 中国农村经济（6）：51-61.

董欢，2017. 水稻生产环节外包服务行为研究 [N]. 华南农业大学学报（社会科学版），16（2）：91-101.

杜志雄，肖卫东，2019. 农业规模化经营：现状、问题和政策选择 [J]. 江淮论坛（4）：11-19，28.

段培，2018. 农业生产环节外包行为响应与经济效应研究 [D]. 杨凌：西北农林科技大学.

段培，王礼力，罗剑朝，2017. 种植业技术密集环节外包的个体响应及影响因素研究——以河南和山西631户小麦种植户为例 [J]. 中国农村经济（8）：29-44.

范红丽，辛宝英，2019. 家庭老年照料与农村妇女非农就业——来自中国微观调查数据的经验分析 [J]. 中国农村经济（2）：98-114.

范红忠，周启良，2014. 农户土地种植面积与土地生产率的关系——基于中西部七县（市）

农户的调查数据 [J]. 中国人口.资源与环境, 24 (12): 38-45.

范乔希,邵景安,应寿英,2018. 山区合适耕地经营规模确定的实证研究——以重庆市为例 [J]. 地理研究 (9): 1724-1735.

方福前,张艳丽,2010. 中国农业全要素生产率的变化及其影响因素分析——基于1991—2008 年 Malmquist 指数方法 [J]. 经济理论与经济管理, 000 (9): 5-12.

方师乐,卫龙宝,伍骏骞,2017. 农业机械化的空间溢出效应及其分布规律——农机跨区服务的视角 [J]. 管理世界 (11): 65-78, 187-188.

丰雷,郑文博,胡依洁,2020. 大规模土地确权:非洲的失败与亚洲的成功 [J]. 农业经济问题 (1): 114-127.

付江涛,纪月清,胡浩,2016. 新一轮承包地确权登记颁证是否促进了农户的农地流转——来自江苏省3县(市、区)的经验证据 [N]. 南京农业大学学报(社会科学版), 16 (1): 105-113, 165.

付振奇,陈淑云,2017. 政治身份影响农户土地经营权流转意愿及行为吗?——基于28省份 3305 户农户调查数据的分析 [J]. 中国农村观察 (5): 130-144.

高帆,2009. 分工演进与中国农业发展的路径选择 [J]. 学习与探索 (1): 139-145.

高桂珍,2019. 陕西农户融资渠道选择对其家庭福利的影响研究 [D]. 杨凌:西北农林科技大学.

高欣,张安录,杨欣,李超,2016. 湖南省5市农地流转对农户增收及收入分配的影响 [J]. 中国土地科学, 30 (9): 48-56.

郜亮亮,2020. 中国农户在农地流转市场上能否如愿以偿?——流转市场的交易成本考察 [J]. 中国农村经济 (3): 78-96.

郭爱民,2011. 民众食粮水准、农业劳动效率与产业分工关系的量化辨析——近代长三角与工业化时期英格兰的比较 [J]. 中国经济史研究 (4): 13-23.

郭剑雄,1996. 土地规模经营三大目标的背后 [J]. 经济理论与经济管理 (4): 77-80.

郭庆海,2014. 土地适度规模经营尺度:效率抑或收入 [J]. 农业经济问题 (7): 4-10.

国家发展和改革委员会价格司,2005. 全国农产品成本收益资料汇编 [M]. 北京:中国统计出版社.

韩朝华,2017. 个体农户和农业规模化经营:家庭农场理论评述 [J]. 经济研究, 52 (7): 184-199.

韩菡,钟甫宁,2011. 劳动力流出后"剩余土地"流向对于当地农民收入分配的影响 [J]. 中国农村经济 (4): 18-25.

韩俊,2019. 大力发展农业社会化服务 [J]. 农村经营管理 (10): 26-31.

韩啸,张安录,朱巧娴,万珂,2015. 农地流转与农民收入增长、农户最优经营规模研究——以湖北、江西山地丘陵区为例 [J]. 农业现代化研究, 36 (3): 367-373.

何一鸣,张苇锟,罗必良,2020. 农业分工的制度逻辑——来自广东田野调查的验证 [J].

农村经济（7）：1-13.

贺书霞，2014. 外出务工、农地流转与农业适度规模经营 [J]. 江西社会科学，34（2）：60-66.

洪名勇，龚丽娟，洪霓，2016. 农地流转农户契约选择及机制的实证研究——来自贵州省三个县的经验证据 [J]. 中国土地科学，30（3）：12-19.

洪名勇，2013. 信任博弈与农地流转口头契约履约机制研究 [J]. 商业研究（1）：151-155.

洪炜杰，2019. 外包服务市场的发育如何影响农地流转？——以水稻收割环节为例 [J]. 南京农业大学学报（社会科学版），19（4）：95-105，159.

洪炜杰，胡新艳，2018. 非正式、短期化农地流转契约与自我执行——基于关联博弈强度的分析 [J]. 农业技术经济（11）：4-19.

洪炜杰，朱文珏，胡新艳，2017. 自购农机还是服务外包——基于新结构经济学的分析视角 [J]. 新疆农垦经济（2）：13-18，49.

洪银兴，王荣，2019. 农地"三权分置"背景下的农地流转研究 [J]. 管理世界，35（10）：113-119，220.

侯明利，2020. 劳动力流动与农地流转互动关系测度——基于内生 PVAR 模型的验证 [J]. 江汉论坛（2）：57-63.

胡凌啸，2018. 中国农业规模经营的现实图谱："土地+服务"的二元规模化 [J]. 农业经济问题（11）：20-28.

胡雯，严静娴，陈昭玖，2016. 农户生产环节外包行为及其影响因素分析——基于要素供给视角和 1 134 份农户调查数据 [N]. 湖南农业大学学报（社会科学版），17（4）：8-14.

胡雯，张锦华，陈昭玖，2019. 小农户与大生产：农地规模与农业资本化——以农机作业服务为例 [J]. 农业技术经济（6）：82-96.

胡新艳，朱文珏，刘恺，2015. 交易特性、生产特性与农业生产环节可分工性——基于专家问卷的分析 [J]. 农业技术经济（11）：14-23.

胡新艳，罗必良，2016. 新一轮农地确权与促进流转：粤赣证据 [J]. 改革（4）：85-94.

胡新艳，杨晓莹，罗锦涛，2016. 确权与农地流转：理论分歧与研究启示 [J]. 财贸研究（2）：67-74.

胡新艳，洪炜杰，2019. 劳动力转移与农地流转：孰因孰果 [N]. 华中农业大学学报（社会科学版）（1）：137-145，169.

胡新艳，王梦婷，吴小立，2018. 要素配置与农业规模经营发展：一个分工维度的考察 [J]. 贵州社会科学（11）：149-154.

胡新艳，朱文珏，罗必良，2016. 产权细分、分工深化与农业服务规模经营 [J]. 天津社会科学（4）：93-98.

胡新艳，朱文珏，罗锦涛，2015. 农业规模经营方式创新：从土地逻辑到分工逻辑 [J].
    江海学刊 (2)：75-82，238.

胡祎，张正河，2018. 农机服务对小麦生产技术效率有影响吗？[J]. 中国农村经济 (5)：
    68-83.

胡逸文，2020. 不同规模农户粮食生产成本效率分析 [J]. 时代经贸 (6)：12-14.

胡初枝，黄贤金，张力军，2008. 农户农地流转的福利经济效果分析——基于农户调查的
    分析 [J]. 经济问题探索 (1)：184-186.

黄枫，孙世龙，2015. 让市场配置农地资源：劳动力转移与农地使用权市场发育 [J]. 管
    理世界 (7)：71-81.

黄季焜，冀县卿，2012. 农地使用权确权与农户对农地的长期投资 [J]. 管理世界 (9)：
    76-81.

黄文彬，陈风波，2020. 非农就业是否必然抑制农地转入——基于农活熟悉程度的视角
    [J]. 农业技术经济 (6)：44-58.

黄祖辉，张静，Chen K，2008. 交易成本与农户契约选择——来自浙冀两省 15 县 30 个村
    梨农调查的经验证据 [J]. 管理世界 (9)：76-81.

黄祖辉，王朋，2008. 农村农地流转：现状、问题及对策——兼论农地流转对现代农业发
    展的影响 [J]. 浙江大学学报 (人文社会科学版) (2)：38-47.

吉星，徐静文，何文剑，张红霄，2019. 农业规模经营能否提高土地产出？——一个基于
    产权安全视角的实证分析 [J]. 新疆农垦经济 (6)：29-36.

纪月清，钟甫宁，2013. 非农就业与农户农机服务利用 [J]. 南京农业大学学报 (社会科
    学版)，13 (5)：47-52.

冀名峰，2018. 农业生产性服务业：我国农业现代化历史上的第三次动能 [J]. 农业经济
    问题 (3)：9-15.

冀县卿，钱忠好，李友艺，2019. 土地经营规模扩张有助于提升水稻生产效率吗？——基
    于上海市松江区家庭农场的分析 [J]. 中国农村经济 (7)：71-88.

江雪萍，2014. 农业分工：生产环节的可外包性——基于专家问卷的测度模型 [J]. 南方
    经济 (12)：96-104.

姜松，王钊，2012. 农地流转、适度规模经营与农民增收——基于重庆市数据实证 [J].
    软科学 (9)：75-79.

姜松，曹峥林，刘晗，2016. 农业社会化服务对土地适度规模经营影响及比较研究——基
    于 CHIP 微观数据的实证 [J]. 农业技术经济 (11)：4-13.

姜长云，2016. 关于发展农业生产性服务业的思考 [J]. 农业经济问题，37 (5)：8-
    15，110.

蒋永甫，杨祖德，韦赟，2015. 农地流转过程中村干部的行为逻辑与角色规范 [J]. 华中
    农业大学学报 (社会科学版) (1)：115-122.

蒋永穆，卢洋，张晓磊，2019. 新中国成立 70 年来中国特色农业现代化内涵演进特征探析 [J]. 当代经济研究（8）：9-18.

康晨，刘家成，徐志刚，2020. 农业生产外包服务对农村农地流转租金的影响 [J]. 中国农村经济（9）：105-123.

孔祥智，穆娜娜，2018. 实现小农户与现代农业发展的有机衔接 [J]. 农村经济（2）：1-7.

孔祥智，2016. 土地规模化与服务规模化并进 [N]. 中国科学报，02-03.

匡远配，陆钰凤，2018. 我国农地流转"内卷化"陷阱及其出路 [J]. 农业经济问题（9）：33-43.

匡远配，刘洋，2018. 农地流转过程中的"非农化""非粮化"辨析 [J]. 农村经济（4）：1-6.

冷智花，付畅俭，许先普，2015. 家庭收入结构、收入差距与农地流转——基于中国家庭追踪调查（CFPS）数据的微观分析 [J]. 经济评论（5）：111-128.

李景刚，高艳梅，臧俊梅，2014. 农户风险意识对农地流转决策行为的影响 [J]. 农业技术经济（11）：21-30.

李功奎，钟甫宁，2006. 农地细碎化、劳动力利用与农民收入——基于江苏省经济欠发达地区的实证研究 [J]. 中国农村经济（4）：42-48.

李谷成，冯中朝，范丽霞，2010. 小农户真的更加具有效率吗？来自湖北省的经验证据 [J]. 经济学（季刊），9（1）：95-124.

李谷成，冯中朝，2010. 中国农业全要素生产率增长：技术推进抑或效率驱动——一项基于随机前沿生产函数的行业比较研究 [J]. 农业技术经济（5）：4-14.

李昊，李世平，南灵，2017. 中国农户农地流转意愿影响因素——基于 29 篇文献的 Meta 分析 [J]. 农业技术经济（7）：78-93.

李恒，2015. 农村农地流转的制度约束及促进路径 [J]. 经济学动态（6）：87-92.

李金宁，刘凤芹，杨婵，2017. 确权、确权方式和农地流转——基于浙江省 522 户农户调查数据的实证检验 [J]. 农业技术经济（12）：14-22.

李菁，欧良锋，2014. 买方市场、农地产权冲突与大规模农地流转困境——以安徽省五河县訾湖村为例 [J]. 农村经济（6）：31-35.

李宁，蔡荣，李光勤，2018. 农户的非农就业区域选择如何影响农地流转决策？——基于成员性别与代际分工的分析视角 [J]. 公共管理学报，15（2）：93-103，157-158.

李宁，周琦宇，汪险生，2020. 新型农业经营主体的角色转变研究：以农机服务对农地经营规模的影响为切入点 [J]. 中国农村经济（7）：40-58.

李宁，陈利根，孙佑海，2016. 现代农业发展背景下如何使农地"三权分置"更有效——基于产权结构细分的约束及其组织治理的研究 [J]. 农业经济问题，37（7）：11-26，110.

李庆海，李锐，王兆华，2012. 农户土地租赁行为及其福利效果 [J]. 经济学（季刊），11
　　（1）：269-288.

李锐，李宁辉，2004. 农户借贷行为及其福利效果分析 [J]. 经济研究（12）：96-104.

李实，罗楚亮，2011. 中国收入差距究竟有多大？——对修正样本结构偏差的尝试 [J].
　　经济研究（4）：68-79.

李文明，罗丹，陈洁，谢颜，2015. 农业适度规模经营：规模效益、产出水平与生产成
　　本——基于1552个水稻种植户的调查数据 [J]. 中国农村经济（3）：4-17，43.

李寅秋，2012. 农业生产环节外包效益及供求实证研究 [D]. 南京：南京农业大学.

李中，2013. 农村农地流转与农民收入——基于湖南邵阳市跟踪调研数据的研究 [J]. 经
　　济地理，33（5）：144-149.

李忠旭，庄健，2021. 土地托管对农户家庭经济福利的影响——基于非农就业与农业产出
　　的中介效应 [J]. 农业技术经济（1）：20-31.

梁杰，高堃，高强，2021. 交易成本、生产成本与农业生产环节外包——基于农地禀赋效
　　应调节视角 [J]. 资源科学，43（8）：1589-1604.

林文声，秦明，苏毅清，王志刚，2017. 新一轮农地确权何以影响农地流转？——来自中
　　国健康与养老追踪调查的证据 [J]. 中国农村经济（7）：29-43.

林绚，罗必良，2021. 农户分化、禀赋效应与农地流转契约选择 [J]. 新疆农垦经济（5）：
　　1-16.

刘凤芹，2006. 农业土地规模经营的条件与效果研究：以东北农村为例 [J]. 管理世界
　　（9）：71-79，171-172.

刘俊杰，张龙耀，王梦珺，等，2015. 农村土地产权制度改革对农民收入的影响——来自
　　山东枣庄的初步证据 [J]. 农业经济问题，36（6）：51-58，111.

刘克春，2008. 农户要素禀赋、交易费用与农户农地转出行为——基于江西省农户调查
　　[J]. 商业研究（8）：164-168.

刘明宇，2004. 制度、分工演化与经济绩效——基于分工维度对农民贫困的制度分析 [D].
　　西安：西北大学.

刘强，杨万江，2016. 农户行为视角下农业生产性服务对农地规模经营的影响 [J]. 中国
　　农业大学学报，21（9）：188-197.

刘守英，2013. 服务规模化与农业现代化：山东省供销社探索的理论与实践 [M]. 北京：
　　中国发展出版社.

刘守英，王瑞民，2019. 农业工业化与服务规模化：理论与经验 [J]. 国际经济评论（6）：
　　9-23.

刘守英，2017. 中国土地制度改革：上半程及下半程 [J]. 国际经济评论（5）：29-56.

刘莹，黄季焜，2010. 农户多目标决策模型与目标权重的估计 [J]. 经济研究，45（1）：
　　148-157，160.

卢华，胡浩，2017. 非农劳动供给：土地细碎化起作用吗？——基于刘易斯拐点的视角 [J]. 经济评论 (1)：148 - 160.

卢华，胡浩，2015. 土地细碎化增加农业生产成本了吗？——来自江苏省的微观调查 [J]. 经济评论 (5)：129 - 140.

卢荣善，2007. 经济学视角：日本农业现代化经验及其对中国的适用性研究 [J]. 农业经济问题 (2)：95 - 100.

陆岐楠，张崇尚，仇焕广，2017. 农业劳动力老龄化、非农劳动力兼业化对农业生产环节外包的影响 [J]. 农业经济问题，38 (10)：27 - 34.

罗必良，2008. 论农业分工的有限性及其政策含义 [J]. 贵州社会科学 (1)：80 - 87.

罗必良，2017. 论服务规模经营——从纵向分工到横向分工及连片专业化 [J]. 中国农村经济 (11)：2 - 16.

罗必良，2020. 小农经营、功能转换与策略选择——兼论小农户与现代农业融合发展的"第三条道路" [J]. 农业经济问题 (1)：29 - 47.

罗必良，2020. 要素交易、契约匹配及其组织化——"绿能模式"对中国现代农业发展路径选择的启示 [J]. 开放时代 (3)：133 - 156.

罗必良，胡新艳，张露，2021. 为小农户服务：中国现代农业发展的"第三条道路" [J]. 农村经济，4 (1)：1 - 10.

罗必良，李尚蒲，2018. 论农业经营制度变革及拓展方向 [J]. 农业技术经济 (1)：4 - 16.

罗必良，2017. 农业供给侧改革的关键、难点和方向 [J]. 农村经济 (1)：1 - 10.

罗必良，2014. 家庭经营的性质及其产权含义 [J]. 世界农业 (3)：193 - 195.

罗必良，等，2017. 农业家庭经营：走向分工经济 [M]. 北京：中国农业出版社.

罗丹，李文明，陈洁，2017. 粮食生产经营的适度规模：产出与效益二维视角 [J]. 管理世界 (1)：77.

Loren Brandt 等，2004. 中国的土地使用权和转移权：现状评价 [J]. 经济学（季刊）(3)：951 - 982.

马克思，1972. 资本论（第 1 卷）[M]. 北京：人民出版社.

马九杰，赵将，吴本健，诸怀成，2019. 提供社会化服务还是流转土地自营：对农机合作社发展转型的案例研究 [J]. 中国软科学 (7)：35 - 46.

马贤磊，仇童伟，钱忠好，2015. 农地产权安全性与农地流转市场的农户参与——基于江苏、湖北、广西、黑龙江四省（区）调查数据的实证分析 [J]. 中国农村经济 (2)：22 - 37.

毛飞，孔祥智，2012. 农地规模化流转的制约因素分析 [J]. 农业技术经济 (4)：54 - 66.

冒佩华，徐骥，贺小丹，周亚虹，2015. 农地经营权流转与农民劳动生产率提高：理论与实证 [J]. 经济研究，50 (11)：161 - 176.

冒佩华，徐骥，2015. 农地制度、土地经营权流转与农民收入增长 [J]. 管理世界 (5)：

63 - 74，77.

穆娜娜，孔祥智，钟真，2016. 农业社会化服务模式创新与农民增收的长效机制——基于多个案例的实证分析 [J]. 江海学刊 (1)：65 - 71.

倪国华，蔡昉，2015. 农户究竟需要多大的农地经营规模？——农地经营规模决策图谱研究 [J]. 经济研究 (3)：159 - 171.

农业部农村改革试验区办公室，1994. 从小规模均田制走向适度规模经营——全国农村改革试验区土地适度规模经营阶段性试验研究报告 [J]. 中国农村经济 (12)：3 - 10.

潘静，陈广汉，2014. 家庭决策、社会互动与劳动力流动 [J]. 经济评论 (3)：40 - 50，99.

彭群，1999. 国内外农业规模经济理论研究述评 [J]. 中国农村观察 (1)：41 - 45.

皮婷婷，许佳贤，郑逸芳，2021. 农地经营规模对农户农机服务外包的影响——基于地权稳定性的调节效应 [J]. 农业现代化研究，42 (5)：1 - 10.

仇焕广，刘乐，李登旺，等，2017. 经营规模、地权稳定性与土地生产率——基于全国 4 省地块层面调查数据的实证分析 [J]. 中国农村经济 (6)：30 - 43.

仇童伟，罗必良，2018. 农业要素市场建设视野的规模经营路径 [J]. 改革，4 (3)：90 - 102.

仇童伟，罗必良，2018. 市场容量、交易密度与农业服务规模决定 [J]. 南方经济 (5)：32 - 47.

仇童伟，2019. "U" 形农业规模经济性的成因：基于农业生产性服务差异化定价的解释 [J]. 新疆农垦经济 (7)：1 - 16，46.

仇童伟，罗必良，2020. 从经验积累到分工经济：农业规模报酬递增的演变逻辑 [J]. 华中农业大学学报 (社会科学版) (6)：9 - 18，160 - 161.

仇童伟，何勤英，罗必良，2021. 谁更能从农机服务中获益——基于小麦产出率的分析 [J]. 农业技术经济 (9)：4 - 15.

钱静斐，陈志钢，Filipski Mateusz，王建英，2017. 耕地经营规模及其质量禀赋对农户生产环节外包行为的影响——基于中国广西水稻种植农户的调研数据 [J]. 中国农业大学学报，22 (9)：164 - 173.

钱克明，彭廷军，2013. 不同条件下粮食生产的适度规模 [J]. 中国党政干部论坛 (8)：72 - 73.

钱龙，2018. 新一轮确权是否必然促进农地流转？——来自浙黔渝三县 (市、区) 的经验证据 [J]. 山西农业大学学报 (社会科学版)，17 (3)：7 - 14.

钱忠好，李友艺，2020. 家庭农场的效率及其决定——基于上海松江 943 户家庭农场 2017 年数据的实证研究 [J]. 管理世界，36 (4)：168 - 181.

钱忠好，王兴稳，2016. 农地流转何以促进农户收入增加——基于苏、桂、鄂、黑四省 (区) 农户调查数据的实证分析 [J]. 中国农村经济 (10)：39 - 50.

钱忠好，2008. 非农就业是否必然导致农地流转——基于家庭内部分工的理论分析及其对中国农户兼业化的解释 [J]. 中国农村经济（10）：13-21.

曲朦，赵凯，2021. 不同土地转入情景下经营规模扩张对农户农业社会化服务投入行为的影响 [J]. 中国土地科学，35（5）：37-45.

尚旭东，朱守银，2017. 粮食安全保障背景的适度规模经营突破与回归 [J]. 改革（2）：126-136.

邵晓梅，2004. 鲁西北地区农户家庭土地规模经营行为分析 [J]. 中国人口·资源与环境，14（6）：120-125.

申红芳，陈超，廖西元，王磊，2015. 稻农生产环节外包行为分析——基于 7 省 21 县的调查 [J]. 中国农村经济（5）：44-57.

司瑞石，陆迁，张强强，梁虎，2018. 农地流转对农户生产社会化服务需求的影响——基于 PSM 模型的实证分析 [J]. 资源科学，40（9）：1762-1772.

斯密 .1776. 国民财富的性质和原因的研究（1997 年译本）[M]. 北京：商务印书馆.

宋戈，邹朝晖，陈藜藜，2016. 基于双重目标的东北粮食主产区土地适度规模经营研究 [J]. 中国土地科学，30（8）：38-46.

宋伟，陈百明，陈曦炜，2007. 东南沿海经济发达区域农户粮食生产函数研究——以江苏省常熟市为例 [J]. 资源科学，29（6）：206-210.

宋小亮，张立中，2016. 什么是农业适度规模经营——兼论与土地适度规模经营的关系 [J]. 理论月刊（3）：156-161.

孙顶强，卢宇桐，田旭，2016. 生产性服务对中国水稻生产技术效率的影响——基于吉、浙、湘、川 4 省微查数据的实证分析 [J]. 中国农村经济（8）：70-81.

孙良媛，张岳恒，2001. 转型期农业风险的特点与风险管理 [J]. 农业经济问题（8）：20-26.

孙敏，2021. 嵌入视野下农业规模经营的实践机理——基于汨罗市 C 村"千亩大户"的个案分析 [J/OL]. 农业经济问题：1-10.

孙新华，2017. 村社主导、农民组织化与农业服务规模化——基于土地托管和联耕联种实践的分析 [J]. 南京农业大学学报（社会科学版）（6）：131-140.

唐轲，王建英，陈志钢，2017. 农户耕地经营规模对粮食单产和生产成本的影响——基于时期和地区的实证研究 [J]. 管理世界（5）：79-91.

万晶晶，钟涨宝，2020. 非农就业、农业生产服务外包与农户农地流转行为 [J]. 长江流域资源与环境，29（10）：2307-2322.

王吉鹏，肖琴，李建平，2018. 新型农业经营主体融资：困境、成因及对策——基于 131 个农业综合开发产业化发展贷款贴息项目的调查 [J]. 农业经济问题（2）：71-77.

王建军，陈培勇，陈风波，2012. 不同土地规模农户经营行为及其经济效益的比较研究——以长江流域稻农调查数据为例 [J]. 调研世界（5）：34-37.

王建英，陈志钢，黄祖辉，等，2015. 转型时期土地生产率与农户经营规模关系再考察 [J]. 管理世界 (9)：65 - 81.

王建英，黄祖辉，陈志钢，托马斯·里尔登，金铃，2018. 水稻生产环节外包决策实证研究——基于江西省稻农水稻种植数据的研究 [J]. 浙江大学学报 (人文社会科学版)，48 (2)：33 - 54.

王建英，陈志钢，黄祖辉，Thomas Reardon，2015. 转型时期土地生产率与农户经营规模关系再考察 [J]. 管理世界 (9)：65 - 81.

王珏，宋文飞，韩先锋，2010. 中国地区农业全要素生产率及其影响因素的空间计量分析——基于 1992—2007 年省域空间面板数据 [J]. 中国农村经济 (8)：24 - 35.

王倩，任倩，余劲，2018. 粮食主产区农地流转农户议价能力实证分析 [J]. 中国农村观察，38 (2)：47 - 59.

王全忠，周宏，2019. 劳动力要素禀赋、规模经营与农户机械技术选择——来自水稻机插秧技术的实证解释 [J]. 南京农业大学学报 (社会科学版)，19 (3)：125 - 137，159 - 160.

王亚辉，李秀彬，辛良杰，谈明洪，蒋敏，2018. 中国农地流转的区域差异及其影响因素——基于 2003—2013 年农村固定观察点数据 [J]. 地理学报 (3)：487 - 502.

王亚楠，纪月清，徐志刚，钟甫宁，2015. 有偿 VS 无偿：产权风险下农地附加价值与农户转包方式选择 [J]. 管理世界 (11)：87 - 94.

王亚楠，纪月清，徐志刚，等，2015. 有偿 VS 无偿：产权风险下农地附加价值与农户转包方式选择 [J]. 管理世界 (11)：87 - 94，105.

王钊，刘晗，曹峥林，2015. 农业社会化服务需求分析——基于重庆市 191 户农户的样本调查 [J]. 农业技术经济 (9)：17 - 26.

王志刚，申红芳，廖西元，2011. 农业规模经营：从生产环节外包开始——以水稻为例 [J]. 中国农村经济 (9)：4 - 12.

卫新，毛小报，王美清，2003. 浙江省农户土地规模经营实证分析 [J]. 中国农村经济 (10)：31 - 36.

魏娟，邢占文，2008. 劳动分工与生产效率理论评述及现实思考 [J]. 内蒙古财经学院学报 (4)：9 - 13.

吴鸢莺，李力行，姚洋，2014. 农业税费改革对农地流转的影响——基于状态转换模型的理论和实证分析 [J]. 中国农村经济 (7)：48 - 60.

武舜臣，宦梅丽，马婕，2021. 服务外包程度与粮食生产效率提升：农机作业外包更具优势吗？[J]. 当代经济管理，43 (3)：49 - 56.

武舜臣，钱煜昊，于海龙，2021. 农户参与模式与农业规模经营稳定性——基于土地规模经营与服务规模经营的比较 [J]. 经济与管理 (1)：30 - 35.

西奥多·W·舒尔茨，1987. 改造传统农业 [M]. 梁小民，译. 北京：商务印书馆.

夏玉莲，匡远配，2017. 农地流转的多维减贫效应分析——基于 5 省 1 218 户农户的调查数据 [J]. 中国农村经济 (9)：44 - 61.

肖龙铎，张兵，2017. 农地流转与农户内部收入差距扩大——基于江苏 39 个村 725 户农户的调查分析 [J]. 财经论丛 (浙江财经大学学报) (9)：10 - 17.

谢冬水，2011. 农地经营规模与效率研究综述 [J]. 首都经济贸易大学学报 (5)：97 - 103.

辛良杰，李秀彬，朱会义，等，2009. 农户土地规模与生产率的关系及其解释的印证——以吉林省为例 [J]. 地理研究，28 (5)：1276 - 1283.

辛岭，胡志全，2015. 中国农业适度经营规模测算研究 [J]. 中国农学通报 (11)：278 - 283.

徐榕阳，马琼，2016. 新疆兵团棉花种植的适度规模及其调控对策——基于第一师的实证分析 [J]. 中国棉花，43 (10)：7 - 10, 16.

许彩华，余劲，2020. "三权分置"背景下农地流转的收入效应分析——基于粮食主产区 3 省 10 县的农户调查 [J]. 华中农业大学学报 (社会科学版) (1)：18 - 27, 162.

许彩华，余劲，2017. 农地规模化经营中的土地生产率变化研究及展望 [J]. 西北农林科技大学学报 (社会科学版)，17 (4)：51 - 56.

许彩华，管睿，余劲，2022. 农户非农就业充分性对农地流转行为的影响研究——基于性别差异视角的分析 [J]. 农业技术经济 (8)：39 - 52.

许庆，刘进，钱有飞，2017. 劳动力流动、农地确权与农地流转 [J]. 农业技术经济 (5)：4 - 16.

许庆，陆钰凤，2018. 非农就业、土地的社会保障功能与农地流转 [J]. 中国人口科学 (5)：30 - 41, 126 - 127.

许庆，田士超，邵挺，等，2007. 土地细碎化与农民收入：来自中国的实证研究 [J]. 农业技术经济 (6)：67 - 72.

许庆，尹荣梁，章辉，2011. 规模经济、规模报酬与农业适度规模经营——基于我国粮食生产的实证研究 [J]. 经济研究，46 (3)：59 - 71, 94.

许庆，尹荣梁，2010. 中国农地适度规模经营问题研究综述 [J]. 中国土地科学，24 (4)：75 - 81.

许庆，杨青，章元，2021. 农业补贴改革对粮食适度规模经营的影响 [J]. 经济研究，56 (8)：192 - 208.

薛凤蕊，乔光华，苏日娜，2011. 农地流转对农民收益的效果评价——基于 DID 模型分析 [J]. 中国农村观察 (2)：36 - 42, 86.

薛亮，2008. 从农业规模经营看中国特色农业现代化道路 [J]. 农业经济问题 (6)：4 - 9, 110.

亚当·斯密，郭大力，1972. 国民财富的性质和原因的研究 [M]. 王亚南，译. 北京：商务印书馆.

闫小欢，霍学喜，2013. 农民就业、农村社会保障和农地流转——基于河南省 479 个农户调查的分析 [J]. 农业技术经济 (7)：34 - 44.

杨春华，2018. 适度规模经营视角下的农地制度创新——相关改革试点情况的调查与思考 [J]. 农村经济 (9)：83 - 86.

杨丹，2011. 农民合作经济组织对农业分工和专业发展的促进作用研究 [D]. 重庆：西南大学.

杨丹，2019. 市场竞争结构、农业社会化服务供给与农户福利改善 [J]. 经济学动态 (4)：63 - 79.

杨进，2015. 中国农业机械化服务与粮食生产 [D]. 杭州：浙江大学.

杨俊，李争，2015. 家庭分工视角下农户耕地转入和耕地利用效率研究——以赣抚平原农区农户样本为例 [J]. 中国土地科学，29 (9)：50 - 57.

杨小凯，2003. 经济学——新兴古典与新古典框架 [M]. 北京：社会科学文献出版社.

杨小凯，黄有光，1999. 专业化与经济组织 [M]. 北京：经济科学出版社.

杨志海，2019. 生产环节外包改善了农户福利吗？——来自长江流域水稻种植农户的证据 [J]. 中国农村经济 (4)：73 - 91.

杨子，张建，诸培新，2019. 农业社会化服务能推动小农对接农业现代化吗——基于技术效率视角 [J]. 农业技术经济 (9)：16 - 26.

杨子，马贤磊，诸培新，马东，2017. 农地流转与农民收入变化研究 [J]. 中国人口·资源与环境，27 (5)：111 - 120.

杨子，饶芳萍，诸培新，2019. 农业社会化服务对土地规模经营的影响——基于农户土地转入视角的实证分析 [J]. 中国农村经济 (3)：82 - 95.

姚洋，2000. 中国农地制度：一个分析框架 [J]. 中国社会科学 (2)：54 - 65，206.

叶剑平，丰雷，蒋妍，等，2018. 2016 年中国农村土地使用权调查研究——17 省份调查结果及政策建议 [J]. 管理世界，34 (3)：98 - 108.

叶剑平，丰雷，蒋妍，罗伊·普罗斯特曼，朱可亮，2010. 2008 年中国农村土地使用权调查研究——17 省份调查结果及政策建议 [J]. 管理世界 (1)：64 - 73.

于长永，2014. 农民对新型农村合作医疗的福利认同及其影响因素 [J]. 中国农村经济 (4)：76 - 86.

俞海，黄季焜，Scott Rozelle，2003. 地权稳定性、农地流转与农地资源持续利用 [J]. 经济研究 (9)：82 - 91.

虞松波，刘婷，曹宝明，2019. 农业机械化服务对粮食生产成本效率的影响——来自中国小麦主产区的经验证据 [J]. 华中农业大学学报（社会科学版）(4)：81 - 89.

展进涛，张燕媛，张忠军，2016. 土地细碎化是否阻碍了水稻生产性环节外包服务的发展？ [J]. 南京农业大学学报（社会科学版），16 (2)：117 - 124，155 - 156.

张成玉，2015. 土地经营适度规模的确定研究——以河南省为例 [J]. 农业经济问题，36

（11）：57 - 63，111.

张川川，John Giles，赵耀辉，2015. 新型农村社会养老保险政策效果评估——收入、贫困、消费、主观福利和劳动供给［J］. 经济学（季刊），14（1）：203 - 230.

张来明，2015. 以服务规模化推进农业现代化［N］. 中国经济时报 . 09 - 10.

张丽，李容，2021. 农机作业服务是否影响粮食全要素生产率——基于农业分工的调节效应［J］. 农业技术经济（9）：50 - 67.

张露，罗必良，2018. 小农生产如何融入现代农业发展轨道？——来自中国小麦主产区的经验证据［J］. 经济研究，53（12）：144 - 160.

张露，罗必良，2021. 规模经济抑或分工经济——来自农业家庭经营绩效的证据［J］. 农业技术经济（2）：4 - 17.

张士云，江激宇，栾敬东，等，2014. 美国和日本农业规模化经营进程分析及启示［J］. 农业经济问题（1）：101 - 109，112.

张晓恒，周应恒，严斌剑，2017. 农地经营规模与稻谷生产成本：江苏案例［J］. 农业经济问题，37（2）：47 - 55，2.

张晓恒，周应恒，2019. 农户经营规模与效率水平不匹配对水稻生产成本的影响［J］. 中国农村经济（2）：81 - 97.

张忠军，易中懿，2015. 农业生产性服务外包对水稻生产率的影响研究——基于 358 个农户的实证分析［J］. 农业经济问题（10）：69 - 76.

张忠明，钱文荣，2014. 不同兼业程度下的农户农地流转意愿研究——基于浙江的调查与实证［J］. 农业经济问题（3）：19 - 24.

章政，祝丽丽，张涛，2020. 农户兼业化的演变及其对农地流转影响实证分析［J］. 经济地理，40（3）：168 - 176，184.

章丹，徐志刚，刘家成，2022. 外包与流转：作业服务规模化是否延缓农地经营规模化——基于要素约束缓解与地租上涨的视角［J］. 中国农村观察（2）：19 - 38.

赵丙奇，周露琼，杨金忠，石景龙，2011. 发达地区与欠发达地区农地流转方式比较及其影响因素分析——基于对浙江省绍兴市和安徽省淮北市的调查［J］. 农业经济问题，32（11）：60 - 65.

赵培芳，王玉斌，2020. 农户兼业对农业生产环节外包行为的影响——基于湘皖两省水稻种植户的实证研究［J］. 华中农业大学学报（社会科学版）（1）：38 - 46，163.

赵晓峰，赵祥云，2018. 新型农业经营主体社会化服务能力建设与小农经济的发展前景［J］. 农业经济问题（4）：99 - 107.

郑阳阳，罗建利，2019. 农户缘何不愿流转土地：行为背后的解读［J］. 经济学家（10）：104 - 112.

钟甫宁，2016. 正确认识粮食安全和农业劳动力成本问题［J］. 农业经济问题，37（1）：4 - 9，110.

钟甫宁，陆五一，徐志刚，2016. 农村劳动力外出务工不利于粮食生产吗？——对农户要素替代与种植结构调整行为及约束条件的解析 [J]. 中国农村经济 (7)：36-47.

钟真，胡珺祎，曹世祥，2020. 农地流转与社会化服务："路线竞争"还是"相得益彰"？——基于山东临沂 12 个村的案例分析 [J]. 中国农村经济 (10)：52-70.

钟真，2019. 社会化服务：新时代中国特色农业现代化的关键——基于理论与政策的梳理 [J]. 政治经济学评论，10 (2)：92-109.

周诚，1995. 对我国农业实行土地规模经营的几点看法 [J]. 中国农村观察 (1)：16，41-43.

周娟，2017. 农地流转与规模经营的重新解读：新型农业服务模式的发展与意义 [J]. 华中农业大学学报（社会科学版）(4)：88-93.

周来友，饶芳萍，马贤磊，石晓平，2017. 丘陵地区非农就业类型对农地流转的影响——基于江西省东北部农户调查数据的分析 [J]. 资源科学 (2)：209-219.

周晓时，2017. 劳动力转移与农业机械化进程 [J]. 华南农业大学学报（社会科学版），16 (3)：49-57.

周振，2016. 农业机械化对中国粮食产出的影响研究 [D]. 北京：中国人民大学.

朱建军，胡继连，2015. 农地流转对我国农民收入分配的影响研究——基于中国健康与养老追踪调查数据 [J]. 南京农业大学学报（社会科学版）(3)：75-83.

朱建军，杨兴龙，2019. 新一轮农地确权对农地流转数量与质量的影响研究——基于中国农村家庭追踪调查（CRHPS）数据 [J]. 农业技术经济 (3)：63-74.

朱文珏，罗必良，2018. 农地价格幻觉：由价值评价差异引发的农地流转市场配置"失灵"——基于全国 9 省（区）农户的微观数据 [J]. 中国农村观察 (5)：67-81.

朱文珏，2018. 农户的农地经营规模：农地转入、要素配置及其约束 [D]. 广州：华南农业大学.

邹伟，张晓媛，2019. 土地经营规模对化肥使用效率的影响——以江苏省为例 [J]. 资源科学，41 (7)：1240-1249.

A·恰亚诺夫，1996. 农民经济组织 [M]. 萧正洪，译. 北京：中央编译出版社.

Adamopoulos T，Restuccia D，2014. The size distribution of farms and international productivity differences [J]. *American Economic Review*，104 (6)：1667-1697.

Ali D A，Deininger K，2014. Is there a farm-size productivity relationship in African agriculture? Evidence from Rwanda [J]. *Social Science Electronic Publishing*，91 (2)：317-343.

Almeida A N，Bravoureta B E，Frensch R，2019. Agricultural productivity, shadow wages and off-farm labor decisions in Nicaragua [J]. *Economic Systems*，43 (1)：99-110.

Alvarez Antonio and Carlos Arias，2003. Diseconomies of size with fixed managerial ability [J]. *American Journal of Agricultural Economics*，85 (1)：134-142.

Alves L，Kato H，2008. Transportation and land property rights：economic impacts on agricultural productivity [J]. *Transportation Research Record*，3：1-11.

Amiti M，Wei S J，2006. Service offshoring，productivity，and employment：Evidence from the United States [J]. *IMF Working Papers*，05（238）.

Anríquez G，Bonomi G，2008. Long-term farming and rural demographic trends [J]. *Washington Dc World Bank*.

Assunção J J，Ghatak M，2003. Can unobserved heterogeneity in farmer ability explain the inverse relationship between farm size and productivity [J]. *Economics Letters*，80（2）：189-194.

Bardhan P K，1973. Size，productivity and returns to scale：an analysis of farm-Level data in Indian agriculture [J]. *Journal of Political Economy*（81）：1370-1386.

Barrett C B，Bellemare M F，Hou J Y，2010. Reconsidering conventional explanations of the inverse productivity-size relationship [J]. *World Development*，38（1）：88-97.

Becker G，Murphy K，1994. Human capital a theoretical and empirical analysis with special reference to education T E [J]. *The Division of Labor，Coordination Costs，and Knowledge* [M]. Chicago：The University of Chicago Press：299-322.

Berchoux T，Watmough G R，et al.，2019. Collective influence of household and community capitals on agricultural employment as a measure of rural poverty in the Mahanadi Delta，India [J]. *Ambio A Journal of the Human Environment*，49（1），281-298.

Holden S，Bezabih M，2006. Tenure insecurity，transaction costs in the land lease market and their implications for gendered productivity differentials [J]. *General Information*，International Association of Agricultural Economists Conference，Gold Coast，Australia August 12-18，252-273.

Bogaerts T，Williamson I P，Fendel E M，2002. The role of land administration in the accession of Central European countries to the European Union [J]. *Land Use Policy*，19（1）：29-46.

Cai，F. Wang，M，2016. Challenges facing China's agriculture as it moves towards a new development stage [J]. *Economic Research Journal*. 51（5）：14-26.

Carletto C，Savastano S，Zezza A，2013. Fact or artifact：the impact of measurement errors on the farm size-productivity relationship [J]. *Journal of Development Economics*，103（1）：254-261.

Chayanov A V，1926. The theory of peasant economy [M]. Madison：*University of Wisconsin Press*.

Che Y，2016. Off-farm employments and land rental behavior：Evidence from rural China [J]. *China Agricultural Economic Review*，8（1）：37-54.

Chen C, Li Y, Liao X, 2012. Analysis of productivity effect of outsourcing of rice production link: Based on panel data of Jiangsu Province [J]. *Chinese Rural Economy* (2): 86 – 96.

Coleman J S, 1988. Social capital in the creation of human capital [J]. *American Journal of Sociology*, 94 (Supplement, Organizations and Institutions).

Deininger K, Jin S, 2005. The potential of land rental markets in the process of economic development: Evidence from China [J]. *Journal of Development Economics*, 78 (1): 1 – 270.

Demsetz H, 1967. Toward a Theory of Property Rights [J]. *The Ameirican Economic Review*, 57 (2): 347 – 359.

Deng X, Xu D, Zeng M, et al. , 2020. Does outsourcing affect agricultural productivity of farmer households? Evidence from China [J]. *China Agricultural Economic Review*, 12 (4): 673 – 688.

Dixit A K, Stiglitz J E, 1977. Monopolistic competition and optimum product diversity [J]. *American Economic Review*, 67 (3): 297 – 308.

Feng S, Heerink N, Ruben R, Qu F, 2010. Land rental market, off-farm employment and agricultural production in Southeast China: A plot-level case study [J]. *China Economic Review*, 21 (4): 598 – 606.

Feng S, 2008. Land rental, off-farm employment and technical efficiency of farm households in Jiangxi Province, China [J]. *NJAS-Wageningen Journal of Life Sciences*, 55 (4): 363 – 378.

Fernandez-Olmos M, Rosell-Martinez J, Espitia-Escuer M A, 2009. Vertical integration in the wine industry: a transaction costs analysis on the Rioja DOCa [J]. *Agribusiness*, 25 (2): 231 – 250.

Frisvold G B, 2004. Does supervision matter? Some hypothesis tests using Indian farm-level data [J]. *Journal of Development Economics*, 43 (43): 217 – 238.

Gao J, Song G, Sun X, 2020. Does labor migration affect rural land transfer? Evidence from China [J]. *Land Use Policy*, 99: 105096.

Gillespie J, Nehring R, Sandretto C, Hallahan C, 2010. Forage outsourcing in the dairy sector: The Extent of use and impact on farm profitability [J]. *Agricultural and Resource Economics Review*, 39 (3).

Hall B H, 1987. Empirical analysis of the size distribution of farms: Discussion [J]. *American Journal of Agricultural Economics*, 69 (2): 486 – 487.

Helfand S M, Levine E S, 2004. Farm size and the determinants of productive efficiency in the Brazilian Center-West [J]. *Agricultural Economics*, 31 (2): 241 – 249.

Heltberg R，1998. Rural market imperfections and the farm size-productivity relationship：Evidence from Pakistan [J]. *World Development*，26（10）：1807 - 1826.

Holden S T，Deininger K，Ghebru H，2011. Tenure insecurity，gender，low cost land certification and land rental market participation in Ethiopia [J]. *Journal of Development Studies*，47（1）：31 - 47.

Holden，S，H. Yohannes，2002. Land redistribution tenure insecurity and intensity of production：A study of farm households in Southern Ethiopia [J]. *Land Economics*（78）：573 - 590.

Huang J，Gao L，2012. The effect of off‐farm employment on the decisions of households to rent out and rent in cultivated land in China [J]. *China Agricultural Economic Review*，4（1）：5 - 17.

Igata M，Hendriksen et al.，2008. Agricultural outsourcing：A comparison between the Netherlands and Japan [J]. *Applied Studies in Agribusiness and Commerce*，2（1）：29 - 33.

Ji X，Qian Z，Zhang L，et al.，2018. Rural labor migration and households' land rental behavior：evidence from China [J]. *China World Economy*，26：66 - 85.

Ji，C.，H. Guo，S. Jin and J. Yang，2017. Outsourcing Agricultural Production：Evidence from Rice Farmers in Zhejiang Province [J]. *Plos One*，12（1）：e170861.

Jin S，Deininger K，2009. Land rental markets in the process of rural structural transformation：Productivity and equity impacts from China [J]. *Journal of Comparative Economics*，37（4）：629 - 646.

Kawasaki K，2010. The costs and benefits of land fragmentation of rice farms in Japan [J]. *Australian Journal of Agricultural & Resource Economics*，54（4）：509 - 526.

Krugman P，1979. Increasing returns，monopolistic competition and international trade [J]. *Journal of International Economics*，9（4）：469 - 479.

Kung J K，2002. Off-Farm Labor markets and the emergence of land rental markets in rural China [J]. *Journal of Comparative Economics*，30（2）：395 - 414.

Kung J，and Y Bai，2011. Induced institutional change or transaction costs? The economic logic of land reallocations in Chinese agriculture [J]. *Journal of Development Studies*，47（10）：1510 - 1528.

Lang，H.，Ma，X.，Heerink，N.，and Shi，X，2014. Tenure security and land rental market development in rural china-actual versus-perceived security 6th CAER-IFPRI annual international conference Yangling Shanxi，China，16 - 17.

Latruffe L，Piet L，2014. Does land fragmentation affect farm performance? A case study from Brittany，France [J]. *Agricultural Systems*，129：67 - 70.

Latruffe L, Piet L, 2013. Does land fragmentation affect farm performance? [J]. *Agricultural Systems*, 129: 68 – 80.

Li F, Feng S, Lu H, Qu F. and Haese M, 2021. How do nonfarm employment and agricultural mechanization impact on largescale farming? A spatial panel data analysis from Jiangsu province, China [J]. *Land Use Policy*, 107 – 117.

Lind J T, Mehlum H, 2010. With or without u? the appropriate test for a u-shaped relationship [J]. *Oxford Bulletin of Economics and Statistics*, 72 (1): 109 – 118.

Lowder S K, Skoet J, Raney T, 2016. The number, size, and distribution of farms, smallholder farms, and family farms worldwide [J]. *World Development*, 87: 16 – 29.

Løyland K, Ringstad V, 2015. Gains and structural effects of exploiting scale-economies in Norwegian dairy production [J]. *Agricultural Economics*, 24 (2): 149 – 166.

Lu, H. Xie, H. & Yao, G, 2019. Impact of land fragmentation on marginal productivity of agricultural labor and non-agricultural labor supply: a case study of Jiangsu, China [J]. *Habitat International*, 83: 65 – 72.

Lyne, M. C., N. Jonas and G. F. Ortmann, 2018. A quantitative assessment of an outsourced agricultural extension service in the umzimkhulu district of KwaZulu-Natal, South Africa [J]. *Journal of Agricultural Education and Extension*, 24 (1): 51 – 64.

Machila, M., M. Lyne and P. Nuthall, 2015. Assessment of an outsourced agricultural extension service in the mutasa district of Zimbabwe [J]. *Journal of Agricultural Extension and Rural Development*, 7 (5): 142 – 149.

Ma, W., A. Renwick and Q. Grafton, 2018. Farm machinery use, off-farm employment and farm performance in China [J]. *Australian Journal of Agricultural and Resource Economics*, 62 (2): 279 – 298.

Ma, X., N. Heerink, E. van Ierland, M. van den Berg, and X. Shi, 2013, Land tenure security and land investments in northwest China [J]. *China Agricultural Economic Review*, 5 (2): 281 – 307.

Manjunatha A V, Anik A R, Speelman S et al., 2013. Impact of land fragmentation, farm size, land ownership and crop diversity on profit and efficiency of irrigated farms in India [J]. *Land Use Policy*, 31: 397 – 405.

Nguyen T T, Nguyen L D, Lippe R S, et al., 2017. Determinants of farmers' land use decision-making: comparative evidence from Thailand and Vietnam [J]. *World Development*, 89: 199 – 213.

Olmstead, A. L. and P. W. Rhode, 2001. Reshaping the landscape: the impact and diffusion of the tractor in american agriculture, 1910—1960 [J]. *The Journal of Economic History*, 61 (3): 663 – 698.

Otsuka K，Liu Y，F Y，2016. The future of small farms in Asia [J]. *Development Policy Review*，34 (3): 441 - 461.

Otsuka K，Liu Y，Yamauchi F，2016. Growing advantage of large farms in Asia and its implications for global food security [J]. *Global Food Security*，(11): 5 - 10.

Otsuka K，Liu Y，Yamauchi F，2016. The future of small farms in Asia [J]. *Development Policy Review*，34 (3): 441 - 461.

Picazo-Tadeo，A. J. , E. Reig-Martinez，2006. Outsourcing and efficiency: the case of Spanish citrus farming [J]. *Agricultural Economics*，35 (2): 213 - 222.

Rada N，Wang C，Qin L，2015. Subsidy or market reform? Rethinking China's farm consolidation strategy [J]. *Food Policy*，57: 93 - 103.

Rosenbaum P R，Rubin D B，1984. Reducing bias in observational studies using subclassification on the propensity score [J]. *Journal of the American statistical association*，79: 516 - 524.

Sun，D. , M. Rickaille and Z. Xu，2018. Determinants and Impacts of Outsourcing Pest and Disease Management [J]. *China Agricultural Economic Review*，10 (3): 443 - 461.

Savastano S，Scandizzo P，2009. Optimal farm size in an uncertain land market: the case of Kyrgyz Republic [J]. *Agricultural Economics*，40: 745 - 758.

Sen A，1962. An aspect of Indian agriculture [J]. *Economic Weekly*，14 (4 - 6): 243 - 246.

Sheng Y，Chancellor W，2019. Exploring the relationship between farm size and productivity: evidence from the Australian grains industry [J]. *Food policy*，84: 1 - 9.

Su B，Li Y，Li L，et al. , 2018. How does nonfarm employment stability influence farmers' farmland transfer decisions? Implications for China's land use policy [J]. *Land Use Policy*，74: 66 - 72.

Su W，Eriksson T，And Zhang L，et al. , 2016. Off-farm employment and time allocation in on-farm work in rural China from gender perspective [J]. *China Economic Review*，41 (5): 34 - 45.

Summer D A，2014. American farms keep growing size, productivity and policy [J]. *Journal of Economic Perspectives*，28 (1): 147 - 66.

Tan S，Heerink N，Kruseman G，et al. , 2008. Do fragmented landholdings have higher production costs? Evidence from rice farmers in northeastern Jiangxi province，P. R. China [J]. *China Economic Review*，19 (3): 347 - 357.

Tan S，Heerink N，Kuyvenhoven A，et al. , 2010. Impact of land fragmentation on rice producers' technical efficiency in South-East China [J]. *Scientia Agricultura Sinica*，57 (2): 117 - 123.

Tang，L.，Q. Liu，W. Yang and J. Wang，2018. Do Agricultural services contribute to cost saving? evidence from Chinese rice farmers [J]. *China Agricultural Economic Review*，10 (2)：323 – 337.

Thaler R，1980. Toward a positive theory of consumer choice [J]. *Journal of Economic Behavior & Organization*，1 (1)：39 – 60.

Vernimmen T，Verbeke W，Huylenbroeck G V，2000. Transaction cost analysis of outsourcing farm administration by Belgian farmers [J]. *European review of Agricultural Economics*，27 (3)：325 – 345.

Wang J，Xin L，Wang Y，2020. How farmers' non-agricultural employment affects rural land circulation in China? [J]. *Journal of Geographical Science*，30：378 – 400.

Wang X B，Han L H，Huang J K，et al.，2016. Gender and off-farm employment：Evidence from rural China [J]. *China & World Economy*，24：18 – 36.

Wang，J. et al.，2015. Re-examination of the relationship between land productivity and farmers' operating scale in the transition period [J]. *Management World* (9)：65 – 81.

Wang，Q. & Zhang，X，2017. Three rights separations：China's proposed rural land rights reform and four types of local trials [J]. *Land Use Policy* (63)：111 – 121.

Wang，X.，F. Yamauchi and J. Huang，2016. Rising wages，mechanization and the substitution between capital and labor：evidence from small scale farm system in China [J]. *Agricultural Economics*，47 (3)：309 – 317.

Williamson O，1996. The mechanism of governance [M]. *New York：Oxford University Press*.

Willmore L，Cao G Y，Xin L J，2012. Determinants of off-farm work and temporary migration in China [J]. *Population and Environment*，33 (2 – 3)：161 – 185.

Xu，C H，KAGATSUME M and Yu J，2021. Effect of farmland size on land productivity and production cost and its intertemporal change in China's major grain producing provinces [J]. *Journal of International Development Studies*，30 (2)：77 – 91.

Yamauchi F，2016. Rising real wages，mechanization and growing advantage of large farms：Evidence from Indonesia [J]. *Food Policy*，58：62 – 69.

Yang D T，1997. China's land arrangements and rural labor mobility [J]. *China Economic Review*，8 (2)：101 – 115.

Yang，Z. Chou，H & Ji，Y，2020. Re-exploration of the inverse productivity-size relationship using the fixed farmers' fixed plots data in the context of land transfer [J]. *Issues in Agricultural Economy* (4)：37 – 48.

Yang J，Huang Z. et al.，2013. The rapid rise of cross-regional agricultural mechanization services in China [J]. *American Journal of Agricultural Economics*，95 (5)：

1245 - 1251.

Yang，X.，and J. Borland，1991. A microeconomic mechanism for economic growth ［J］. *Journal of Political Economy*，99.

Young A，1928. Increasing returns and economic progress ［J］. *The economic journal*，8: 527 - 542.

Zhang J，Mishra A K，Zhu P，2019. Identifying livelihood strategies and transitions in rural China: Is landholding an obstacle? ［J］. *Land Use Policy* (80): 107 - 117.

Zhang L，Feng S，Heerink N，Qu F，Kuyvenhoven A，2018. How do land rental markets affect household income? Evidence from rural Jiangsu，P. R. China ［J］. *Land Use Policy* (74): 151 - 165.

Zhang Q F，2008. Retreat from Equality or Advance towards Efficiency? Land Markets and Inequality in Rural Zhejiang ［J］. *China Quarterly*，195 (195): 535 - 557.

Zhang Y，Li X，Song W，Zhai L，2016. Land abandonment under rural restructuring in China explained from a cost-benefit perspective ［J］. *Journal of Rural Studies* (47): 524 - 532.

Zhang Y，Wang X，Glauben T，et al.，2011. The impact of land reallocation on technical efficiency: evidence from China ［J］. *Agricultural Economics*，42 (4): 495 - 507.

Zhang，X. Yang，J. & Reardon，T，2017. Mechanization outsourcing clusters and division of labor in Chinese agriculture ［J］. *China Economic Review*，43: 184 - 195.

Zhao Q，Bao H，Zhang Z，2021. Off-farm employment and agricultural land use efficiency in China ［J］. *Land Use Policy*，101: 105097.

Zhong W，Luo B，2013. Endowment effect，property strength and restraint of agricultural land transfer: Farmer household's survey data from Guangdong province ［J］. *Issues Agricultural Economy* (3): 6 - 15.

图书在版编目（CIP）数据

农户参与农业规模经营行为及影响效应研究 / 许彩华，余劲著. -- 北京：中国农业出版社，2024.6.
ISBN 978-7-109-32044-4

Ⅰ. F324

中国国家版本馆 CIP 数据核字第 2024X6Y718 号

中国农业出版社出版

地址：北京市朝阳区麦子店街 18 号楼
邮编：100125
责任编辑：王秀田　　文字编辑：张楚翘
版式设计：小荷博睿　　责任校对：吴丽婷
印刷：中农印务有限公司
版次：2024 年 6 月第 1 版
印次：2024 年 6 月北京第 1 次印刷
发行：新华书店北京发行所
开本：700mm×1000mm　1/16
印张：11.75
字数：220 千字
定价：88.00 元